万国通史

THE
HISTORY OF
SINGAPORE

新加坡通史

张学刚／著

上海社会科学院出版社

目录

第一章　多元灿烂的古代文明 / 1
　　一、最早的居民——马来先民 / 1
　　二、国际自由港淡马锡王国 / 4
　　三、"狮城"崛起：信诃补罗王国 / 8
　　四、有关上述时期的传说和文献 / 11
　　五、马六甲王国的兴起 / 14
　　六、马六甲王国的衰亡 / 24
　　七、中国古代典籍中的新加坡和中华文明对新加坡的影响 / 27
　　八、古印度文化对新加坡的影响 / 36
　　九、阿拉伯文化对新加坡的影响 / 39
　　作者点评 / 40

第二章　殖民地记忆 / 42
　　一、柔佛王国"联荷抗葡" / 42
　　二、英、荷争夺柔佛王国 / 47
　　三、新加坡开埠与英国吞并柔佛王国 / 51
　　四、莱佛士 / 52
　　五、建立海峡殖民地 / 58
　　六、华人主体社会的形成 / 62
　　七、殖民地时期建筑 / 68
　　八、殖民地时期的华文文学 / 74
　　九、殖民地时期新加坡华人对当时中国革命工作的支持 / 75
　　作者点评 / 85

第三章　日据狂潮 / 86
　　一、日本法西斯入侵马来半岛 / 86
　　二、狮城沦陷 / 88
　　三、血腥大屠杀 / 92

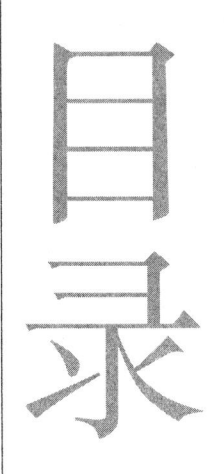

四、日据时期的苦难生活 / 98

五、南侨总会主席陈嘉庚 / 100

六、敌后抗日活动及日军的最终覆亡 / 103

七、抗日战争时期的新加坡华文文字 / 106

作者点评 / 107

第四章　国家独立 / 108

一、英国人回归与新马分治 / 108

二、新加坡自治 / 110

三、李光耀的早期政治生涯 / 114

四、新马合并与短暂的联邦岁月 / 119

五、族群骚乱与含泪独立 / 125

六、战后初期新加坡的经济 / 132

七、战后初期新加坡的文化运动 / 135

作者点评 / 138

第五章　独立后的新加坡 / 139

一、李光耀执政初期(1965—1969)：走出务实发展新天地 / 139

二、李光耀执政中后期(1970—1989)：新加坡实现经济腾飞 / 143

三、吴作栋执政前半期(1990—1996)：锐意进取实现产业再升级 / 145

四、吴作栋执政后半期(1997—2004)：成功应对两次危机 / 147

五、李显龙执政时期(2004年至今)：继往开来，持续发展 / 151

六、李光耀逝世：影响深远，启迪后人 / 155

七、新加坡独立后的政治智慧：开明高效的政府管理模式 / 158

八、新加坡独立后的族群政策：多元族群和谐共存 / 162

九、新加坡独立后的法治思想及司法实践 / 170

十、新加坡独立后的外交与安全理念:国防建设三原则与大国
　　平衡战略 / 174
十一、新加坡独立后的建筑艺术成就 / 177
十二、新加坡独立后的代表性文学作品 / 191
作者点评 / 192

参考书目 / 194
后记和鸣谢 / 196

第一章
多元灿烂的古代文明

一、最早的居民——马来先民

新加坡是一个移民国家:主体民族是华人,其他还有马来人、印度人、土生华人以及泰米尔人、欧洲人的后裔等。

华人是新加坡第一大种族,占新加坡人口的74.2%,多数来自广东和福建。他们大多数是佛教徒、道教徒,基督徒很少。中国农历新年是新加坡重要的公休日,中国传统的中元节、端午节和中秋节在新加坡也很受重视。马来人是新加坡原住民,也是该国第二大种族,占全国人口的13.4%。印度人是新加坡的第三大种族,占新加坡人口的9.2%,大多是印度教徒。全国有大约30座印度寺庙,其中有两座属于新加坡的国家保护文物。印度的新年屠妖节(Deepavali)以及大宝森节(Thaipusam)是新加坡重要节日。新加坡拥有各种印度古典音乐、舞蹈和电影戏剧流派。土生华人是新加坡的第四大种族,指殖民时期移民新加坡的华人后裔。多为华人与当地人的混血儿。大多数为富裕的商人,生活阔绰。老一辈土生华人说的是马来语,并融入闽南方言甚至英语、法语单词,语言体系较复杂,新一代土生华人以英语为主。土生华人具有独一无二的华人和马来人的混合传统,信奉中国的宗教,受他们马来母亲的风俗习惯、语言和服饰的影响。

按照西方的流行看法，新加坡开埠于1819年，在此之前的历史似乎"混沌一片"。事实上，新加坡的历史远长于西方在该地的殖民开拓历史，要了解新加坡的历史必须从古代看起。

新加坡在地理上处于马来半岛的最南端，因此最早来到这块土地上的居民很可能就是从马来半岛北部迁移到此地的马来先民，他们被称为"奥郎·罗越"，意为"海人"，以捕鱼和种植为生。由此可见，新加坡早期先民就具有海洋国家居民的特征。根据近些年来马来西亚的考古发现，最早在距今4万年前的旧石器时代就已经有马来先民在马来半岛活动。这些马来先民经历了由中南半岛北部向马来半岛、马来群岛扩散的漫长过程，这个过程大约持续了数万年，跨越新旧石器时代和青铜器时代，直到约公元前300年，这些原生马来人才遭到了次生马来人的反抗，停止向外扩散。所谓次生马来人，是铁器时代或青铜器时代的马来人群，其祖源部分来自柬埔寨与越南的占族。这些次生马来人是整个中南半岛上第一个使用铁器的人群，他们是今天新加坡马来人的直接先祖。

关于新加坡早期先民的起源，国际上大致有四种学说。

第一种是滇缅起源说。依此学说，马来人的祖先分两批在不同年代从云南、缅甸迁移到马来群岛。其中，第一批马来人的祖先被称为原始马来人（马来文：Melayu Proto），第二批马来人被称为混血马来人（马来文：Melayu Deutro）。原始马来人及混血马来人又合称南岛人（马来文：Indonesian），两者的文化为新石器时代文化，他们广泛分布于今天的马来西亚、新加坡和印度尼西亚。

第二种是广东起源说。这一学说认为，马来人的祖先源于中国广东沿海的百越先民。南岛民族最早发源于大约3万年前的中国广东沿海。约1万年前，其中一支从广东沿海出发，沿越南海岸向南迁徙，一直到达今天的马来西亚、新加坡、印度尼西亚，从而成为今天马来族群的祖先。这一推论对于研究马来先民早期历史具有重大意义,也为我们认识新加坡史前人类定居史提供了新的说法。

第三种是马来群岛起源说。其主要依据:一是马来人和爪哇人在19世纪都有很繁荣的文化,这种成就只有不断发展的本土古老文化才能达到。这就说明马来人并非来自任何其他地方,而是土生土长。二是马来语与柬埔寨语看着相似,但这只是表面印象,没有足够理据。三是爪哇岛发现的梭罗猿人和维杰人化石表明,马来人起源于马来群岛,甚至可能就来自爪哇岛。四是马来群岛各族的语言与中亚属于印欧语系的语言有异。但马来群岛起源论在马来西亚只得到极少数马来人的支持。

第四种学说是南亚起源说。主要依据如下:一是在马来群岛发现的古老斧头与南亚某些地区的类似,说明有南亚居民移民马来群岛;二是马来族的风俗与阿萨姆地区类似(阿萨姆是印度与缅甸之间的地区);三是马来语与柬埔寨的高棉语相似,而高棉人又被认为来自南亚。

关于"马来人"这一名称的来历,主要有两种说法:一说"马来人"这一名称来自印度尼西亚苏门答腊岛一个约1 500年前的古国"末罗瑜"(Melayu)。末罗瑜位于苏门答腊岛巫来由河(Sungai Melayu)附近,后被苏门答腊岛上崛起的另一著名古国"三佛齐"吞并。另一说"Melayu"这个名称来自梵文 Malaya,意为"山"或"高处"。

今天我们所说的现代马来人多指分布于马来半岛、婆罗洲和苏门答腊的马来人,实际上在更广的地域如太平洋和印度洋上的许多岛屿上还分布有更广意义上的马来人。多数研究者认为,他们的祖先约在5 000年前从亚洲内陆逐渐南下,迁至中南半岛(包括马来半岛),进入苏门答腊岛,然后扩散到爪哇、加里曼丹、苏拉威西、菲律宾群岛和马达加斯加岛。这种迁徙浪潮按迁徙时间先后大体形成两大族群:古马来人和新马来人。古马来人迁徙的时间在公元前3000—前1000年,社会发展水平较低;新马来人迁徙的时间在公元前2—16世纪,已受到印度文化、中国文化和阿拉伯文化的影响,社会发展水平较高。各地马来人在其分布地区均留下了众多后裔,不同程度地与当地居民发生融合,发展为许多不同名称的民族。

二、国际自由港淡马锡王国

公元元年前后,随着商业的发展,今新加坡所在地开始成为一个港口。古希腊学者托勒密(90—168)所著《地理志》(托勒密地图)就把马来半岛尽头之地标注为一个叫作"萨巴拉"(Sabara)的贸易港。这说明马来半岛尽头拥有得天独厚的地理位置,且很早就已成为东西方海上商贸活动的交汇点。

公元3世纪时,中国三国时期吴国著名的航海家康泰在其所著《扶南土俗传》中把今新加坡所在地称为"蒲罗中",这可能是马来语Pulau Ujong的音译。Pulau在马来语中指"岛屿",而Ujong则指"末端"。"蒲罗中"即指位于马来半岛末端的岛屿——今新加坡本岛。《新唐书》则称其为"萨庐都",《宋史》称其为"柴历亭",而后来有华人称其为"石叻",这些很可能是马来语Selat(海峡)的音译。

公元8世纪,该地开始形成一个叫"淡马锡"(Temasek)的古代城邦。"淡马锡"在爪哇语中意为"海城",也有人认为它源自梵文tamarasa(黄金)。不管其词源如何,"淡马锡"这个称呼一直沿用到14世纪末才被梵文Singapura(信诃补罗,意为"狮城")取代。在今新加坡国家博物馆存有一块"新加坡石"——古淡马锡国的石碑。其碑立于10—14世纪,上面约有50行文字,可能是古爪哇文,也可能是古苏门答腊文(均属今印度尼西亚所属岛屿文化,也是古马来文化的一部分)。这显示淡马锡国也深受古马来文化影响。这是迄今关于新加坡早期历史最珍贵的考古发现之一。1330

年,中国元代航海家汪大渊来到新加坡岛。他在所著《岛夷志略》中将新加坡称为"单马锡"。据他记载,当时已有华人居住在新加坡这个地方。他在书中还记载,当时邻近的速古台王朝曾派 70 多艘兵船攻打单马锡,但攻打一个多月仍攻克不下。由此看来,单马锡当时的国力还是颇为雄厚的。他还提到了新加坡一处名叫"龙牙门"的地方,称 1320 年元朝曾派人到"龙牙门"寻找大象,1325 年"龙牙门"人派使臣到中国。汪大渊这样写道:

> 龙牙门:门以单马锡番两山相交,若龙牙,中有水道以间之。田瘠。稻少。气候热,四五月多淫雨。俗好劫掠。昔首长掘地而得玉冠,岁之始,以见月为正初,首长戴冠披服受贺,今亦递相传授。男女兼中国人居之。多椎髻,穿短布衫,系青布稍。〔地〕产粗降真、斗锡。贸易之货,〔用〕赤金、青缎、花布、处瓷器、铁鼎之类。盖以山无美材,贡无异货。以通〔泉〕州之贸易,皆剽窃之物也。舶往西洋,本番置之不问。回船之际,至吉利门,舶人须驾箭棚、张布幕、利器械以防之。贼舟二三百只必然来迎,敌数日,若侥幸顺风,或不遇之,否则人为所戮,货为所有,则人死系乎顷刻之间也。[1]

"龙牙门"很可能就是今天新加坡的岌巴港(Keppel Harbour)一带,依据是岌巴港西边的海道出口处原本有两根龙牙形状的石柱巍然耸立在航道两侧,这非常符合汪大渊描述的"龙牙门"形状。可惜在 1848 年其中一根龙牙石柱被英国殖民政府以拓宽航道为由炸毁,因此今天我们只能看到一根龙牙石柱。"龙牙门"还有一个别称叫"凌牙门",这可能是因福建话"凌"与"龙"同音的缘故。

1365 年成书的马来人文学著作《爪哇史颂》仍把新加坡称为"淡马锡"。而同一时期的越南文献也对新加坡有类似的称呼。

---

[1] 汪大渊:《岛夷志略》,中华书局中外交通史籍丛刊苏继庼校释本,1981 年版,第 213—214 页。

形似龙牙的石柱
其中一根已被英国殖民者炸除

　　明朝,郑和率领庞大的船队几次从中国出发来到南洋,新加坡是他庞大的船队每次必经之地。绘制于明宣德五年(1430)的《郑和航海图》也称新加坡为"淡马锡"。而无论"单马锡"还是"淡马锡",都是对Temase(i/a)k的音译而已。"龙牙门"同样被标注在郑和的航海图中。古代航海家对岌巴港的偏爱不难理解:新加坡的南侧就是马六甲海峡,岌巴港正处在新加坡本岛最南端,在新加坡本岛和圣淘沙岛(Sentosa)的怀抱,背靠本岛,南望海峡,坐北朝南,地理位置优越。海湾入口狭窄、内部宽阔,风浪平静,水深而少礁,恰是一处理想的锚地。经验丰富的航海家们自然对这块风水宝地非常熟悉。

　　考古发现的14世纪的文化层,收集到包括来自中国闽南地区的元代陶瓷片,如青花瓷、青瓷、青白瓷、白瓷,还有体积较大的硬陶器以及东南亚自制的陶器,此外还包括玻璃珠、铁制用具及钱币等。其中具有代表意义的文物包括元代青白瓷枕的人物瓷片、"罗盘"文饰元青花瓷片和龙纹青白瓷片。

　　这些文物粗略勾勒出古代淡马锡社会生活的一些方面,让今

"龙牙石"复制品
新加坡拉珀多公园(Labrador Park)旅游局人工复制的"龙牙石"

人对古代新加坡有了细节、生动的认识：

地处东南亚交通要道的淡马锡，在14世纪前就已是一个繁荣的商埠。大量元代商品，主要是陶瓷器皿、铁鼎、丝绸及东南亚香料、来自热带雨林的土产在此聚集、交易。当时流通的是中国铜币，尤其是宋代铸造的铜钱。从商品数量和种类推测，其时，淡马锡至少是中国商品的重要海外转口贸易站之一。

淡马锡已是一个有相当规模的、高度组织的社会，其统治阶层与中国元朝朝廷可能存在朝贡关系。考古发现的精致的青白三爪龙纹瓷器、元曲舞台场景装饰的白瓷枕、罗盘瓷碟等都可以作为佐证。

淡马锡的统治阶层很可能信奉南传佛教（也称小乘佛教），皇宫内设有供奉神像的亭台，有专门负责宗教祭祀活动的僧侣。皇宫外有城墙、护城河等防卫设施。此外还有果园、沐浴池与手工作坊等。商贾贸易区靠近新加坡河口，大量平民靠山脚处居住，主要是匠人、农民、士兵、商人等，还有许多人从事与海上贸易有关的工作。

岛上的居民在闲暇时有下棋等娱乐活动，饮食以海货为主，生活相对宁静、轻松。

目前还没有强有力的证据说明淡马锡时期的新加坡已有华人社群，但不排除华商杂居于新加坡河口北岸。他们或拥有较高的农业和手工业技术，或掌握技术服务与产品供应的知识，可能来自附近巨港、爪哇（均属今印度尼西亚）等地。这些华人随着季风至此赶赴商贸市集。

淡马锡是当时海洋经贸网络的一个重要节点，是印度与中国之间商贸与文化交流的重要桥梁。正因为它如此重要，淡马锡也成为各方力量觊觎的对象，后来遭到周边国家入侵、主宰而走向没落。

三、"狮城"崛起：信诃补罗王国

按照《马来纪年》记载，公元12—13世纪，来自印度尼西亚苏门答腊岛巨港的室利佛逝王国王子圣·尼罗·优多摩（Sang Nila Utama，又译桑·尼拉·乌塔玛）来到新加坡岛定居，并在后来建立了"信诃补罗王国"。"信诃补罗"是梵文"狮城"的意思，按照发音又可译成"新加坡拉"，即今"新加坡"这一通行译法的来源。历史上有一段关于信诃补罗王国的建立以及为何被称为狮城、为何与"鱼尾狮"有关的传说。

当时居住在印度尼西亚苏门答腊岛巨港的室利佛逝王国王子优多摩因娶了廖内王国（也在今印度尼西亚境内，与新加坡隔海相望）女王的女儿，便在廖内住下来。有一天，优多摩带着妻子和随从外出打猎。当他追赶一只小鹿来到一块岩石上时，无意间看到远处有一片银白色的沙滩，随从对他说那地方叫作淡马锡。于是，优多摩王子和随从坐船前往，可是半途遇到大风浪，眼看船就要沉没,他们只得将所有东西丢进海里。但风浪仍然很大,海水不停涌进船内。最后优多摩只好将王冠也丢进大海。王冠一入海,风浪立即平静了。他们高兴地将船划到淡马锡海边,登上新加坡岛。优多摩到达淡马锡后和随从到附近树林打猎,发现一只头黑胸白、身披红毛,比公羊稍大且行动敏捷的极为健壮的怪兽,其神态傲岸勇武。这只怪兽看到优多摩这一群人时,便马上逃入森林不见了。优多摩不知怪兽叫什么名字,便问随从。有一位年纪较大的随从告诉他说:这是一只"信诃"(Singa,即狮子)。优多摩听了非常高兴,认为这是一个吉祥的地方,便决定留下来不回廖内了。他还把此地改名为"信诃补罗",其中"信诃"即"狮子","补罗"是"城","信诃补罗"意即"狮城"。此后,廖内女王派来了许多臣民,带来了大象和禽鸟。优多摩便在这里建立了一个新的国家信诃补罗王国,成为开国国君。

据《马来纪年》记述,信诃补罗王国约建于13世纪70年代(一说为1299年),传五世,至14世纪末亡。信诃补罗王国是封建专制国家,国王之下有盘陀阿罗(宰相)等大臣辅其统治,国民分为贵族、商人、农民和家庭奴隶等阶层。主要从事的经济活动是转口贸易。

当地位置优越,处在航运的十字路口,因此吸引了印度和中国的商人频繁来这里做生意,信诃补罗王国不久就变成一个繁荣的港口。可惜这里的海盗猖獗,他们常常利用周围各种大小岛屿作为天然屏障抢劫过往商船。不过信诃补罗在历任国王的统治之下,也建立起自己的国防力量。13世纪末,位于印度尼西亚爪哇岛的满者伯夷王国(爪哇语:Madjapahit;马来语:Majapahit)兵力强盛,周围小国都要向它朝贡,只有信诃补罗国王不去。满者伯夷国王便出兵攻打信诃补罗,双方相持了一天。由于信诃补罗军民坚定、团结,最终强大的满者伯夷战败退兵。

到了14世纪,此地还卷入了暹罗(今泰国)和爪哇的满者伯夷王国争夺马来半岛的斗争,因此信诃补罗王国的人民也受到战争的荼毒。到最后一位信诃补罗国王伊士广达沙的时候,首相是兰山·兰朱那·多波,由于他对国王杀害他的女儿怀恨在心,便写信给满者伯夷国王,请他出兵攻打信诃补罗。1377年,满者伯夷王国军队由海路入侵,几百只大小舰船载了20万军队来进攻信诃补罗。当他们的军队到达时,首相便偷偷打开城门,放敌人进来。结果王国百姓遭到敌人的残酷杀害,血流成河,首相一家也在混乱中被杀死。信诃补罗城被抢劫一空。伊士广达沙国王被打败后,只好带着残余士兵向马来半岛北部奔逃。满者伯夷的军队便在新加坡河口留下一块纪念碑,带着财宝返回爪哇。

满者伯夷王国位于今日印度尼西亚泗水西南部。1293年至1500年满者伯夷王国曾统治马来半岛南部部分地区、婆罗洲、苏门答腊和巴厘岛。1350年至1389年国王哈亚·乌鲁克(Hayam Wuruk)和首相加查·马达在位时,满者伯夷的势力达巅峰,领土范围远至泰国南部、菲律宾和东帝汶。德国东方学家贝特霍尔德·劳费尔认为"majapahit"来自印度尼西亚的一种果树木橘(Aegle marmelos)的名字。满者伯夷国的创立者是爪哇信诃沙里国王克塔纳伽拉(Kertanagara)的女婿克塔拉亚萨(Kertarajasa)。1290年,信诃沙里国王克塔纳伽拉将室利佛逝王国逐出爪哇。但不久克塔纳伽拉被叛军贾亚卡特望(Jayakatwang)杀害。元世祖至元二十九年(1292年),忽必烈命史弼、亦黑迷失、高兴率领1 000艘战舰,携一年军粮从福建行省泉州渡海,登陆爪哇,和克塔拉亚萨联合攻打贾亚卡特望,灭信诃沙里国。克塔拉亚萨随后倒戈,打退元军,统一爪哇。《元史》称满者伯夷为"麻偌巴歇"。明代称其为"满者伯夷"。14世纪中叶,1370年(明洪武三年),满者伯夷国王昔里八达拉遣使奉献金叶表。1381年(洪武十四年)上金叶表朝贡。14世纪末,1397年(明洪武三十年),满者伯夷海军灭室利佛逝王国。15世纪初,1404年(明永乐二年)满者伯夷国王维克拉马法哈纳(Vikramavardhana)遣使朝贡,明成祖遣使赐镀金银印。1427年(宣德二年)满者伯夷国王维克拉马法哈纳过世,其女苏希达继位。明英宗时期曾三年一贡,以后朝贡无常。1527年,满者伯夷国被东爪哇灭。

信诃补罗王国在经受满者伯夷的入侵后,从一个繁荣的港口变成一个人口不多的小渔村。国王伊士广达沙虽然从马来半岛北部回国,但不久就去世了。他的陵墓在今新加坡的福康宁山脚下。

四、有关上述时期的传说和文献

在新加坡的神话传说中,新加坡石有着神奇身世。根据马来民族的重要文献《马来纪年》第四章记载,在淡马锡第三位统治者斯里剌纳维克尔马(Sri Rana Wikerma)时代,故事的主角峇当(Badang,又译巴当)生活在淡马锡一个叫沙涌(Sayong)的小地方。他设计捕捉了偷他渔获的水鬼,后者为脱身而答应让他实现愿望。结果峇当如愿变成了无人能及的大力士并常常帮助村民,声名远扬,被统治者收为战士。后来,印度南部卡令咖(Kalinga)王国的国王派遣大力士瓦里·比惹雅(Wadi Bijaya)来挑战峇当。在竞技中,峇当把瓦里无法举起的巨石从禁山(即现在的新加坡福康宁山)抛到了新加坡河口。大石后来被分割成大小相近的两块石碑,这两块石碑相对伫立于新加坡河口。

新加坡石

这段传说虽有神话色彩,但却有考古实物发现,即新加坡石相印证。它对新加坡国家早期历史有一定的重要性,因为它把新加坡的历史往前推了很远,对新加坡本土文化的塑造有一定作用。新加坡人特别是年轻人大多知道"峇当的故事",它培养新加坡人的民族自豪感,让人们知道,马来族是个有着悠久历史和优秀文化的民族,可不是从莱佛士登陆新加坡才开始的。

石碑一直藏身在新加坡河口,直到1819年英国人来到新加坡岛才被发现。当时这两块石碑面对面而立,中间只间隔80厘米,好像被人从中间劈开一样。在这两块石碑上,只有一块的内面刻有文字,约有50行,文字的覆盖面积约长1.5米、宽2.1米,文字四周还有一圈凸起的边缘。这是新加坡迄今发现的年代最为久远的文字。

1843年,当时的英国殖民者要在新加坡河口进行一项土木工程,为了建造军用宿舍,不顾它的历史文化价值,用炸药将其炸成了碎块!炸开后的部分碎块被有心者保留了下来。当时新加坡的助理驻扎官詹姆斯·罗维(James Lowe)就保留了至少三块。英国人后来将这些碎石于1848年送到了印度的加尔各答博物馆去做分析,并在1918年左右将其中的一块归还给了新加坡,而另外两块留在加尔各答的残块后来就下落不明了。

人们迄今仍无法完全解读碑文的奥义。但它与传说一起让我们看到了淡马锡(或后来的信诃补罗王国)与马来文明的历史渊源。

关于马来亚早期传说和历史的文献,最为著名的是《马来纪年》。《马来纪年》(马来语:Sejarah Melayu),原名《诸王起源》(马来语:Sulalatus Salatin),中译名又作《马来由史话》《王族系谱》《马来传奇》等。它是著名的古代马来文献,大多数学者认为其成书年代约在1612年。作者一说是柔佛苏丹拉惹·蓬苏(Raja Bongsu,中译名又作罗阇·蓬苏)。另一说是拉惹·蓬苏的宰相——重臣敦·室利·兰能(Tun Sri Lanang,中译名又作敦·斯利·拉囊)。据称敦·室利·兰能与来自印度果阿的奥朗加耶梳哥(Orang

Kaya Sogoh)奉命编修该书。该书大部分内容在柔佛(今马来西亚柔佛州,在新加坡北,紧邻新加坡)编写,并在敦室利兰能被因于亚齐期间面世。还有一说是由马六甲王国的一位大臣编写,敦·室利·兰能只是整理编次而已。

书中主要叙述了关于马六甲王国的族谱和历代国王的世系传说、马六甲王国的成立、盛衰及其与邻国的关系、马六甲王国的行政层级以及其后的历史,也记有淡马锡王国和信诃补罗王国的部分历史和神话,涵盖上下600多年。其中包含摘自其他马来文献的文字。该书代表着古代马来民族文化思想的精华,是学习马来语和马来文化的必读之书。英国人莱佛士在

爪夷文《马来纪年》封面

其18号抄本中称该书为 Malay Annals,中文《马来纪年》中"纪年"一词就源自英文 Annals 一词。1979年左右,阿都拉·沙马·阿末(Abdul Samad Ahmad)的编译版本用了 Sejarah Melayu 这一马来文书名,日后一些版本也沿用 Sejarah Melayu 这个书名。Sejarah 在马来文中是"历史"的意思。但因其内容神话、传说、史实相杂糅,疑信相参、真伪混杂,所以有些中文译本也称其为《马来由史话》,甚至《马来传奇》。

《马来纪年》最初实为混杂着历史、传说和神话的"口传文学"。今天它在马来文献学上地位却非常崇高,相当于司马迁所著的《史记》在中国的地位。2001年《马来纪年》被联合国教科文组织列入《世界记忆遗产名录》。

《马来纪年》的手稿原本以古典马来文的旧爪夷文体书写在传统的纸张上。其流传的版本很多，有至少29个版本和手稿散落在各地：其中10个在伦敦、1个在曼彻斯特、11个在莱顿、1个在阿姆斯特丹、5个在雅加达、1个在圣彼得堡。重要的版本有莱佛士所藏的手抄本（分上、下2卷，31章）和威廉·希勒别（William Shellabear）所藏的手抄本（分上、下2卷，34章，后附续篇4章）在1924年以拉丁化马来文出版的版本。

此外，《马来纪年》还具有很高的文学性，是马来古典文学的典范，对马来文学发展具有重要影响。

五、马六甲王国的兴起

信诃补罗王国被满者伯夷消灭后，该地的厄运并未结束。北方的暹罗趁机把势力伸向该地，在这里设立了一名酋长来管理这一地区，这一地区自然受到暹罗保护。

大约在淡马锡王国兴起的同一时期，公元8世纪（相当于中国唐朝时期），在今天印度尼西亚苏门答腊岛巨港（Palembang）地区兴起了室利佛逝王国（又译三佛齐王国）。这个王国在公元9世纪至13世纪与邻近的印度尼西亚爪哇群岛中部的夏连特拉王国（Syailendra）和东部的满者伯夷王国等持续展开混战并逐渐衰败。曾经强大的室利佛逝势力范围不断缩小，最终收缩到都城巨港附近。至室利佛逝王国的末代王子拜里米苏拉（1344—1414年，马来语名为Parameswara，可能来自梵文，意为"至高无上的君主"，中文又译作拜里迷苏剌）登基不久，满者伯夷再度进犯室利佛逝。此时的室利佛逝已然处于内忧外患的危机时刻，满者伯夷王国处心积虑要吞并室利佛逝。为与满者伯夷结好，拜里米苏拉加强了与爪哇群岛的往来，甚至娶了满者伯夷的友邻杜马班国国王的女儿为妻，向岳父称臣纳贡，请求他替自己向满者伯夷说好话，以求自保。然而，巨港、杜马班、满者伯夷三方政治联姻并没能为室利佛逝带来安全。没过多久,满者伯夷还是向室利佛逝发起了最后的总攻,因双方实力悬殊,室利佛逝的巨港和占碑很快被攻破,室利佛逝王国就这样灭亡了。根据《马来纪年》记载,亡国后的室利佛逝王族拜里米苏拉带着妻子和臣民起先流亡到与今新加坡隔海相望的廖内群岛暂时栖居,随后乘船渡海逃亡到马来半岛最南端,即今天的新加坡。

拜里米苏拉来到此地后,起先受到当地酋长的热烈欢迎。不久,拜里米苏拉刺杀了当地酋长,占领了此地并自立为王。关于这件事引发的后果有两个传说版本。

第一个版本说,拜里米苏拉的行为立即引起了当地保护国暹罗方面的强烈不满。当时该酋长有一位女婿正任马来半岛中部彭亨的国王,为给岳父报仇,遂依靠暹罗王国的支持,挥兵南下讨伐拜里米苏拉。暹罗方面调派驻扎彭亨的军队前来讨伐拜里米苏拉,拜里米苏拉最终败逃。暹罗收复此地后,并未加以积极经营,此地仍是一个破败的小渔村。

另一个版本则称,拜里米苏拉在此地统治了5年,发现并不是什么好地方,土地贫瘠、国库空虚(可见当初此地沦落之深),于是开始考虑迁都。

无论是在第一个版本还是第二个版本的传说,拜里米苏拉最终离开此地,逃往马来半岛的麻坡(Muar)。当拜里米苏拉逃到麻坡的时候,本想在麻坡安营扎寨,但却受到壁虎的困扰。原来,麻坡一带有许多壁虎,一到晚上,就密密麻麻地在营地附近出现,爬满地面,骚扰士兵们休息。到了第二天,人们就一齐捕杀壁虎,把它们投入河中。可到了晚上,无数的壁虎又开始在营地里活动,很难根除。由于河里积累的壁虎尸体越来越多且发出恶臭,因此人们就

马来民众中流传的拜里米苏拉像

把麻坡称为"臭壁虎之城"(Kota Biawak Busuk),这个别称至今仍流传在马来西亚的麻坡地区。

拜里米苏拉的逃亡队伍不堪壁虎的滋扰,不得不继续北迁。随后,他们找到了一处新营地,开始建造城堡。可奇怪的是,每当他们在白天建好城堡,到了深夜总会无缘无故坍塌下来,看来这个地方也很难定居,因此人们把此地称为"Kota Buruk"(毁灭之城),今天在马来西亚仍可看到毁灭之城的遗址。

拜里米苏拉的队伍为了生存只能继续向马来半岛北部迁移。经过长途跋涉,他们最终来到马六甲河口附近,在这里建立

毁灭之城遗址

今天的马六甲河

了城池(在今马来西亚的马六甲)。拜里米苏拉决心发愤图强,重振国威。

传说拜里米苏拉在此定居后,一天,他和随从到马六甲河附近狩猎,到了正午,就和随从在一棵枝繁叶茂的大树下乘凉休息。忽然,他看到不远处一条猎狗正猛力追赶一只鼠鹿,鼠鹿一路狂奔到河边,陷入绝境,竟突然停了下来转向猎狗迎了上去。猎狗奋力向前扑击,鼠鹿又一个转身把猎狗踢入河中。好一个漂亮的绝地反击!这是弱者的反击!看到这一幕的拜里米苏拉不禁大喜,联想到家国的遭遇,顿感浑身倍添动力,认为这是一块福地,连弱小的鼠鹿都能把猎狗打败,自己也一定能像鼠鹿那样击败其他强国。

勇于绝地反击的神奇动物鼠鹿

他认定这里必能保证其干出一番伟业，便坚定了在此建国的决心。拜里米苏拉随后又指着自己身边的一棵大树问随从叫什么名字。随从回答叫马六甲树(Pokok Melaka)，拜里米苏拉遂决定将新建立的国家称为马六甲。从此，马六甲成为马来西亚和新加坡历史上极为重要的一页。

事实果然如此。马六甲城池周围有充足的水源和广阔的平原，靠山观海，地势险要，易守难攻。这里扼守马六甲海峡的最窄处，是各国商船必经的地方，加上地处热带，有着充沛的降雨、充足的阳光、肥沃的土壤、可供开垦的土地，往往能获得不错的收成，因此很快就成为著名的商港和政治经济中心，成为马六甲王国的根基。

在随后的近一个世纪里，马六甲王国不断发展壮大，国土一度扩展至今天的泰国南部、马来西亚整个西马地区、新加坡全境和印度尼西亚苏门答腊岛西南地区，而王城就位于今天马来西亚的马六甲市。马六甲王国的政治、经济、文化、艺术等各方面，可以说对现代马来西亚和新加坡的思想和文化影响极为深远。

1424年拜里米苏拉逝世，葬于今马来西亚波德申港(Port Dickson)附近的丹绒端(Tanjung Tuan)，另一说就葬于禁山(Bukit Larangan，今新加坡福康宁山)，其长子依斯甘达沙继任苏丹。

建国初期的马六甲十分弱小，当时并未正式称国，也没有严格的政府组织和国家制度，北面经常受到暹罗武装力量的侵扰，南面又有满者伯夷王国的威胁。拜里米苏拉自知国力尚弱，只好向暹罗求和,每年进贡黄金 40 两,自称藩属。此后,真正使马六甲走向强大的,还是来自中国明朝的帮助。

在马六甲王国建国后没多久,1403 年(永乐元年),明成祖从侄儿建文帝手中夺得皇权,随后派遣京官尹庆率舰队访问南洋诸国。尹庆在马六甲见到了拜里米苏拉,认为马六甲地理位置极佳,并赠予拜里米苏拉许多礼物。

当时,拜里米苏拉经历了一系列挫折,又面临暹罗的侵扰,正是穷困潦倒之际,得此礼遇自然备受感动;又从尹庆口中听到明朝的富庶强大,顿生仰慕之情,便向尹庆诉苦,控诉暹罗的侵扰,表示自己极不愿向暹罗上贡,愿成为明朝的藩属以获庇护。尹庆建议其派出使者,同返明朝朝见皇帝,请求明朝的庇护,使暹罗不敢进攻。于是,马六甲的使者随尹庆到明朝拜见了明成祖。明成祖十分高兴,一方面予以厚待,一方面正式颁赠诏书和印玺,册封拜里米苏拉为"满剌加国"国王,并赏赐黄伞等物,从此黄伞也成为马六甲王室乃至今天马来西亚王室的标志,最常在登基或宣誓就职时使用。自此,明朝和马六甲王国开启了一段融洽和亲密的关系。

1405 年郑和首下西洋就抵达马六甲并拜见了拜里米苏拉。拜里米苏拉为表感谢,于 1407 年派使团再次访问明朝,两国关系进一步发展。随后郑和三次到达马六甲,给当地带去大批明朝物产和先进文化。明朝与世界各国的文化、经济上的频繁往来、马六甲优越的地理位置也使马六甲快速成为东南亚的交通和商贸中心。马六甲逐步繁荣了起来。拜里米苏拉对明朝的文化充满仰慕之情和好奇心,在郑和的邀请下,1411 年,他带着王妃、王子及臣子等 500 人随郑和访问明朝。拜里米苏拉在此期间虚心学习文化,参照明朝礼仪、风俗习惯和政治思想,回国后制定了马六甲王朝各种制度。1424 年,拜里米苏拉病逝,儿子穆罕默德·伊斯干达沙(Mohammad Iskandar Shah)继位。暹罗人见拜里米苏拉去世,曾几次入侵马六甲,但都因明朝的调解和庇护而失败。拜里米苏拉以接受明朝册封的方式从暹罗的虎口下保存和发

纪念中国与马六甲友好交往历史的邮票,右下角分别为中国古货币与马六甲货币

展了马六甲王国。

此后,马六甲王国在历任国王的带领下逐渐兴盛起来。当时,王国采取了联姻和武力并用的方式,让附近的岛屿自愿接受马六甲王国的统治,马六甲王国的领土不断扩大。周边还有许多国家对马六甲王国进贡。

到国王穆扎法尔·沙统治时期(1445—1459年),马六甲王国对内宣布伊斯兰教为国教,国王始称苏丹,改称"苏丹穆萨法沙"(此后的马六甲王国准确地应称为马六甲苏丹国,但为叙述方便,本书仍沿用王国的称呼)。王国起用著名政治家敦·佩拉克任"槃陀诃罗"(即首相)。对内,他缓和马来贵族和泰米尔贵族之间的矛盾,加强王国内部的团结;对外,他两次击败暹罗入侵并遣使暹罗主动修好,结束了两国间的长期不和。王国的势力范围包括马来半岛南部(含今新加坡),并逐渐扩展至马来半岛北部的克拉地峡与南面的苏门答腊岛的一部分,控制了马六甲海峡的航运。当时中国发明的指南针已被马六甲王国用于航海,中国铸造钱币的技术也流传到马六甲王国。

国王曼苏尔·沙统治时期(1459—1477年),马六甲王国进入鼎盛时期。他把国家大权交给槃陀诃罗敦·佩拉克掌管。从1459年起,王国凭借强大的国力,在马来半岛进行统一战争,先后征服彭亨、柔佛、雪兰莪、霹雳、丁加奴、吉兰丹等地,逐渐形成今天新加坡—马来西亚的领域轮廓。具体来说,此时的马六甲王国涵盖马来西亚半岛、泰国南部一部分、苏门答腊岛的大部分;并控制马六甲海峡的海上交通和贸易,实行政权单一管制。当时的马六甲海峡是亚洲黄金水道,马六甲港口是国际贸易中心,各国商人聚集在这里进行贸易。领土的迅速扩大、经济的空前繁荣,使马六甲王国成为当时东南亚最强大的封建国家之一。

此时的马六甲王国,苏丹是最高统治者,苏丹以下有3位大臣分别掌管政务:一为"槃陀诃罗",掌管国家政务和外交;二为"天猛公",掌管国家军务和司法;三为"奔呼庐槃陀诃罗",掌管征税、纳贡等事宜。

马六甲王国已成为东西方最大的贸易集散地之一。印度人、阿拉伯人和波斯人用商船运来棉花、染料、香料和药品,中国商船带来丝绸、锦缎、布匹、瓷器。在最繁盛的时期,马六甲王国拥有4万常住人口,有马来人、华人、阿拉伯人,还有来自印度、锡兰、波斯、暹罗、高棉、占碑、爪哇等地的商人。在当时,此地可以听到各种不同的语言,感受到各种不同的文化,远超淡马锡、信诃补罗时期。

马六甲王国经济的繁荣,使它逐步取代巨港和爪哇成为东南亚新的贸易转运中心,并在当时形成了一个以马六甲王国为中心的"区域商贸圈"。该商贸圈附有南北两条弧线:北方弧线形成较早,包括从占城(今越南南部)、高棉及暹罗沿海直到马六甲王国;南方弧线形成稍迟,从菲律宾群岛经婆罗洲、西里伯斯、马鲁古群岛、巽他海峡、爪哇、苏门答腊直到马六甲王国。这一区域性商贸圈的出现,不仅使沟通东西方的中介贸易空前繁荣,也使整个东南亚地区内部联系空前活跃。马六甲王国在促进东南亚地区内外发展上功不可没。

马六甲王国迅速兴盛的原因,值得深思。

首先,中国明朝在其发展崛起过程中起到至关重要的作用。马六甲王国位于东南半岛的最南端,立国之初只是一个偏僻的小渔村,且经常受到北方强大的暹罗的侵扰,甚至被迫向暹罗屈服和进贡,这在一定程度上束缚了马六甲王国早期的发展壮大。在郑和下西洋前夕，明朝派遣尹庆到访马六甲王国，马六甲王国利用这个机会请求明朝保护，以此摆脱了暹罗的政治压制。中国明朝官员马欢所著、成书于景泰二年（1451年）的《瀛涯胜览》"满剌加"条记载，"此处旧不称国，因海有五屿之名，遂名曰五屿，无国王，止有头目掌管。此地属暹罗所辖，岁输金四十两，否则差人征伐。永乐七年己丑，上命正使太监郑和等，统赍诏敕，赐头目双台银印冠带袍服，建碑封城，遂名满剌加国。是后暹罗莫敢侵扰。其头目蒙恩为王，挈妻子赴京朝谢，贡进方物。朝廷又赐与海船，回国守土"。由此可见，明朝对马六甲国王的册封加强了马六甲王国在国际社会立足的稳定性，对马六甲王国摆脱暹罗的侵扰起了一定作用，客观上有利于马六甲王国经济的发展。

其次，马六甲王国的兴盛离不开其自身的奋斗。马六甲王国立国之初，仅是一个偏僻的渔村、一片蛮荒之地，甚至有海盗巢穴。当地的气候朝热暮寒，缺少农业资源。其国东南是大海，西北是老岸连山，皆沙卤之地……田瘦谷薄，人们从耕种中的所得非常有限。在室利佛逝王国崩溃后，满者伯夷王国内部政治出现混乱而无力统辖马六甲海峡地区，拜里米苏拉及其后代正好抓住这一有利时机，在马六甲海峡建立起了强盛的马六甲王国，统治地域涵盖并超过了今新加坡和马来西亚。当时的爪哇（位于今天印度尼西亚地区）是东南亚各海岛的农业中心，是马六甲王国粮食供应的主要来源之一，爪哇的商船频繁往来于爪哇与马六甲王国之间，运去大米和胡椒，换回印度棉布和以丝绸、瓷器为主的中国商品。这种经济联系减少了马六甲王国与爪哇的敌对关系，加强了它们之间的经济交流。除此之外，原先与马六甲王国敌对的暹罗也逐步与马六甲王国进行贸易往来。暹罗主要向马六甲王国出口大米，进口香料、胡椒、织锦等。同时今缅甸的勃固王朝也向马六甲王国出口粮食等产品，而位于婆罗洲东海岸的渤泥国（今文莱）也积极与马六甲王国发展贸易合作。这就使马六甲王国逐渐打开了同周边邻国的关系，站稳了脚跟并兴盛起来。

马六甲王国苏丹宫殿遗址

此外，统治者政策的得当也是马六甲王国繁荣的重要原因之一。拜里米苏拉招徕各方商人到马六甲王国经商。香料、稻米、胡椒贸易促使了马六甲王国的进一步繁荣。

随着马六甲王国的崛起发展，它与明朝的关系也得到了不断加强。15世纪末16世纪初，王国先后遣使明朝达30余次，其中仅国王本人亲自率领使团访问就达5次。明朝政府自1403年派官员尹庆访问马六甲起直到1481年，曾14次遣使访问马六甲。中国许多先进的生产技术，如犁、耙等农具传到马六甲后，改变了马来人农业生产的落后状况，中国的指南针也被马来人用在航海上，促进了当地航海事业的发展。当时马来人运到中国的玳瑁、沉香、乳香等药品，也成为中国医师常用的良药。中国文学名著《红楼梦》中提到的眼镜最早也是在15世纪由西方国家经马六甲王国传入中国的。直到今天，仍流传着许多有关马六甲王国与明朝友好关系的历史佳话。

拜里米苏拉及其开创的马六甲王国历史对于马来半岛（包括

新加坡)来说极其重要,《马来纪年》全书都以马六甲王国的历史为主线来撰写马来地区的历史,并尊崇马六甲王室的祖先为亚历山大大帝的后裔,认为马六甲王室有着来自西方的高贵血统和不凡身世。

六、马六甲王国的衰亡

在国王阿拉乌德丁·里雅特·沙于1488年去世后,马六甲王国开始衰落。第七位国王马赫穆德继位时尚年幼,王国统治集团内部争权夺利愈演愈烈。与此同时,马六甲王国扼守马六甲海峡要冲,处于航海及经贸中心,又有良好的深水港,向东联系资源丰饶的东方文明古国中国,西通文明古国印度,并远接阿拉伯世界、欧洲,成为了繁荣一时的古代商贸中心。到16世纪初,盛极一时的马六甲王国引起了西方新兴海权国家的觊觎和侵略,其中最早从事海上殖民扩张活动的老牌欧洲国家葡萄牙最先挑战马六甲王国的主权和尊严。

15世纪,葡萄牙已经走在了对东方进行殖民扩张和侵略掠夺的最前列。而马六甲王国这块东方"肥肉"自然成为其垂涎的对象,进军东亚、侵略扩张的桥头堡。

16世纪初,葡萄牙人的殖民脚步已悄然来到印度洋,并准备染指马六甲。第一任葡属印度总督阿尔梅达虽在印度洋打开了殖民掠夺的局面,但他的政策仅将葡萄牙人的活动局限于印度洋沿岸。第二任葡属印度总督阿尔布克尔克改变了阿尔梅达的保守政策,他制订了把阿拉伯人从香料运输中完全排挤出去、控制3 500英里印度洋的宏伟计划。

1509年,葡萄牙人首次尝试攻击马六甲王国,但在当地人猛烈反击后撤退。这场战争让葡萄牙人认识到要占领马六甲王国、控制马六甲海峡并享有王国拥有的一切财富,就必须从军事上先占领马六甲河上的大桥,这是马六甲城的咽喉。

1511年7月1日,阿尔布克尔克率领一支由18艘舰船、1 200名葡萄牙士兵及200多名马尔巴拉援兵组成的舰队再次进犯马六甲王国,并提出释放战俘、赔偿及割让一块土地以修建要塞等无理要求。当时的马六甲王国首都已是一个有10万人口的城市,由3万马来人和爪哇人守卫,苏丹马哈茂德·沙阿(又译马目沙、马末沙等,?—1528)坚决拒绝了葡萄牙人的要求。7月24日,葡萄牙人发动了第一次攻击,但由于退潮,葡舰无法进入河道,只好等待潮水再度涨起。随后马哈茂德·沙阿组织了强大的反击,迫使阿尔布克尔克下令撤退。

8月10日,阿尔布克尔克组织了第二次进攻,这次进攻成功占领了大桥。接下来,又占领了面向马六甲河、依山建立的马六甲王宫与清真寺。马哈茂德·沙阿及其王子派出20头大象企图阻止葡萄牙人进攻。然而黑夜降临时,葡萄牙人终于占领了大桥两侧的制高点。

8月24日,葡萄牙士兵开始沿街道清除来自各方的零星抵抗。马哈茂德·沙阿见大势已去,黯然丢下富甲一方的马六甲城,率军民退守巴莪(今属马来西亚),以图日后展开复国运动,而他的后裔则偏安柔佛(今属马来西亚)建立了柔佛王国,继续马六甲王国的王统。

阿尔布克尔克下达了抢掠的命令。葡萄牙士兵大肆的抢掠行动持续了一整天,数以万计的珍宝被掳掠一空,几乎占马六甲王国三分之二的财富。此外,攻占了马六甲的葡萄牙人照例进行了惨无人道的屠城。

随着马六甲城沦陷,立国110多年的马六甲王国就这样灭亡了。明朝得知马六甲王国被侵占一事是在1520年,距马六甲陷落已过了9年。而在这9年中,葡萄牙人的脚步早已踏上中国广东沿岸。如果不是葡萄牙人的放肆,以及马六甲王子的使者穆罕默

葡萄牙殖民者在马六甲城修建的堡垒遗址

德来到京师向礼部送来马六甲王国的求援信,关于马六甲王国落入葡萄牙人之手一事,明廷一直还被蒙在鼓里。在当时一批大臣的建议下,明廷对马六甲的沦陷做出了回应:不许佛郎机(葡萄牙)入贡,同时葡萄牙出使中国的皮雷斯一行于同年春夏被押往广州,并作为交换马六甲被侵疆土的人质投入监牢。

面对马六甲的求援,明廷要求葡萄牙归还马六甲土地,并将扣押使团直至归还为止。以扣押使节的这种方式来应对武装占领马六甲城的葡萄牙人,并未产生实际效果。毕竟明朝在东南亚一带并没有军事力量存在,明朝的交涉无法使贪婪的殖民者回心转意。马六甲王国落入西方殖民者之手,东南亚国家开始了近现代以来备受西方殖民者奴役的悲惨历史。

辉煌的马六甲王国结束了,但它的历史仍是足以让今天新加坡、马来西亚人民引以为豪的,拜里米苏拉的故事更是在新马(新加坡、马来西亚)地区家喻户晓,故事里的鼠鹿也成为新马两国人民心中智慧的象征。

七、中国古代典籍中的新加坡和中华文明对新加坡的影响

新加坡与中华文明的联系源远流长。中国古籍中很早就有了与今新加坡相关的古地名,而且各种说法种类繁多。

皮宗。据东汉班固所著《汉书》卷二八下记载:"自黄支船行可八月,到皮宗;船行可(二)月,到日南,象林界云。"《汉书》记载了上起西汉汉高帝元年(公元前206年),下至新朝王莽地皇四年(公元23年)共约230年的史实。书中所称"皮宗",或指马来半岛西南岸外的皮散岛(Pisang,马来语意为香蕉),或泛指今新加坡与其北方毗邻的马来西亚柔佛州一带,也有人指今天泰国北大年府一带。目前尚无确凿史料证明"皮宗"确指新加坡与马来西亚柔佛一带,否则新加坡的历史至少可追溯至公元1世纪。

蒲罗中。公元3世纪30年代,三国吴人康泰撰写的《扶南土俗传》就记载了新加坡的古称"蒲罗中",又作"蒲芦中"或略为"蒲罗"。虽然《扶南土俗传》今已散失,但据唐德宗贞元十七年(801年)编成的《通典》卷一八七记载:"又《扶南土俗传》云:拘利未有蒲罗中人,人皆有尾,长五六寸,其俗食人。"北宋时期成书的《太平御览》卷七八七也记载:"《扶南土俗》曰,拘利正东行,极崎头,海边有居人,人皆有尾五六寸,名蒲罗中国,其俗食人。"《水经注》等也提到《扶南土俗传》关于新加坡的记载。归纳起来,共有三段文字记载了新加坡:一是"从扶南发投拘利口循海大湾中,正西北入,历湾边数国,可一年余到天竺江口";二是"拘利正东行,极崎头海边,有人居,人皆有尾五六寸,名蒲罗中国,其俗食人";三是"拘利东有蒲罗中人,人皆有尾,长五六寸,其俗食人,按其地并西南蒲罗,盖尾濮之地名"。"蒲罗"或为马来语Pulau(岛)的音译,"中"或为Ujong(尽头、海角)的音译,合起来意为"(马来)半岛尽头的岛",

指今新加坡和马来西亚的柔佛州(Johore)一带。一说为 Prathom 的音译,指泰国的佛统(Nakhon Pathom),也有人认为在泰国的北大年或万伦(Ban Don)湾一带。新加坡政府出版的《新加坡年鉴(1999—2005)》也以"蒲罗中"作为新加坡历史的引言。

莫河信洲(即摩诃新)。成书于宋太祖建隆二年(961年)的由王溥撰写的《唐会要》卷一〇〇记载:"金利毗迦,……行经哂国、诃陵国、摩诃国、新国、多萨国、者理国……乃至广州。"据《太平寰宇记》卷一七七、《南海寄归内法传》卷一,"摩诃"下的"国"字系衍文,摩诃国、新国,即摩诃新国之误。或谓即11世纪印度尼西亚爪哇碑铭中 Mahasin 一名的音译,在爪哇岛西部,一说在新加坡。也有人认为是加里曼丹岛南部 Bandjarmasin(属辰)一名后半部 masin 的音译。

多摩苌。又作多摩长,或讹为多摩、多摩茛、多摩苌。《唐会要》卷一〇〇记载:"多摩苌居于南海岛中。显庆四年(659年)二月,朝贡使主。"《通典》卷一八八记载:"多摩长国居于海岛,东与婆凤,西与多隆,南与年友跋(华言五山也),北与诃陵等国接。其国东西可一月行。"在今马来半岛,或位于泰国高头郎(Phatalung)府的塔莫特(Tamant)一带。一说又作堕婆登,在克拉地峡。此外尚有认为其对应的是泰国的洛坤(Nakhon)及新加坡等说法。

罗越。宋仁宗嘉祐五年(1060年)成书的《新唐书》卷四三下记载:"(陆真腊)其南水真腊。又南至小海,其南罗越国,又南至大海","又五日行至海峡,蕃人谓之质,南北百里,北岸则罗越国、南岸则佛逝国";卷二二二下云:"罗越者,北距海五千里,西南哥谷罗。商贾往来所凑集,俗与坠罗钵底同。岁乘舶至广州,州必以闻。"一般认为罗越故地在马来半岛南部,今马来西亚的柔佛州一带,或指新加坡海峡一带,"质"即马来语 Selat(义即海峡)的简译。或谓该地的雅贡(Jakun)族又称 Orang Laut(马来语义为海人),"罗越"即 Laut 的音译,也有的认为唐代罗越国辖境包括整个马来半岛。

凌牙门。又作龙牙门、龙牙山门。南宋泉州市舶司提举赵汝适于宝庆元年(1225年)著成的《诸蕃志》卷上"三佛齐"记载:"在泉之正南,冬月顺风月余方至凌牙门,经商三分之一始入其国。"《岛夷志略》"龙牙门"记载:"门以单马锡番两山相交,若龙牙,中有水道以间之。"《元史》卷二九:"[泰定二年(1325年)五月]癸丑,龙牙门蛮遣使奉表贡方物。"《瀛涯胜览》"满刺加国"记载:"自占城向正南,好风船行八日到龙牙门,入门往西行,二日可到。"《郑和航海图》记载:"(吉利门)用乙辰及丹辰针取长腰屿,出龙牙门,龙牙门,用甲卯针,五更船,取白礁。"龙牙门或指岛屿,或指海峡。作为岛屿名的龙牙门,如《郑和航海图》的记载,一般认为指印度尼西亚的林加(Lingga)岛,但也有学者认为某些典籍记载的龙牙门应指新加坡。至于作为海峡名的龙牙门,所指则往往因时代或记载典籍的不同而异。一说指新加坡海峡,或专指新加坡和绝后岛(Blakang Mati)之间的石叻门,即前文所述的岌巴港(Keppel Harbour)。一说指林加海峡。也有的学者主张宋、元时的龙牙门指新加坡海峡,明以后则指林加海峡。还有人认为最初仅指石叻门,后成为新加坡海峡主峡及其南的泛称。

麻里予儿。明朝初年由宋濂、王袆主编的《元史》卷二一○记载:"以暹人与麻里予儿旧相仇杀,至是皆归顺,有旨谕暹人,勿伤麻里予儿,以践尔言。"或谓麻里予儿即马来人自称 Malayu 的音译,《马可波罗行记》中作 Malajur。其故地一般均认为在马来半岛南部一带,一说指马六甲,一说指新加坡或柔佛。

单马锡。或误为牛单锡。元代航海家汪大渊于元顺帝至正九年(1349年)编撰的《岛夷志略》记载:"近年以七十余艘来侵单马锡,攻打城池,一月不下。"一般均认为单马锡即《爪哇史颂》中 Tamasik 的音译,新加坡出土的13世纪的碑铭作 Tamasak,《马来纪年》中作 Temasek,为新加坡的古名。也有人认为指马来西亚的柔佛,或兼指新加坡、柔佛。

淡马锡。《郑和航海图》图一五有载"淡马锡",一般认为它是新加坡的古名。也有人认为指马来西亚的柔佛,或兼指新加坡、柔佛。

淡马锡门。明张燮所著成书于万历四十五年(1617年)的《东西洋考》卷九记载:"中打水三十托,北二十托,南八九托。又过淡马锡门,用庚酉及辛戌针,三更,取吉里问山了。"应指整个新加坡海峡的中段,位于新加坡南面,或指石叻门和新基水道。也有人认为指柔佛海峡西部的通道。

长腰屿。《郑和航海图》图一五记载:"(吉利门)用乙辰及丹辰针取长腰屿,出龙牙门,龙牙门,用甲卯针,五更船,取白礁。"一般认为在今新加坡海峡,有柯奈岛、安乐岛、绝后岛(即今圣淘沙),新加坡东北角的樟宜乃至新加坡岛等说。但依《郑和航海图》针路,长腰屿当在卡里摩群岛东南面,且龙牙门或指林加海峡,故有人认为此航路似未经过新加坡海峡,长腰屿应在廖内群岛求之,指苏吉岛或布朗岛。还有人认为指林加岛或宾坦岛。

星忌利坡。清朝颜斯综撰《南洋蠡测》记载:"南洋之间,有万里石塘,……塘之西为白石口,附近有一埠,四面皆山,一峡通进,……十余年前,英吉利据此岛,名之曰星忌利坡。"此即指今新加坡。

息力(又作昔里、息辣)。《清朝续文献通考》卷三三三"麻刺甲"记载:又南端一小岛,旧名息力,英人名曰新加坡。《海录》卷上"旧柔佛"记载:"旧柔佛在邦项之后",番人称其地为"息辣",闽粤人谓之"新州府"。一般均认为息力、息辣即指今新加坡。"息力"是马来语 Selat(海峡)的音译,源自柔佛海峡的马来名 Selat Tebrau。也有人认为《海录》中的新州府是兼指马来西亚的新山。

旧柔佛。《海录》卷上"旧柔佛"记载:"旧柔佛在邦项之后,陆路约四五日可到。……本柔佛旧都,后徙去,故名旧柔佛。嘉庆年间英咭利于此辟展土地。"有人认为旧柔佛即指新加坡,按旧柔佛原指 Johore Lama，位于马来半岛南部柔佛河上游，16 世纪柔佛王国建立后即建都于此，后遭葡萄牙人毁，曾屡屡迁都，今哥打丁宜等处及印度尼西亚的宾坦岛、林加岛都一度成为该国建都之所。唯新加坡似未同为柔佛王国的都城，况据《海录》所记自彭亨陆路可达，故此处旧柔佛虽非指 Johore Lama，恐亦非专指新加坡，它包括哥打丁宜和新山一带。

新加坡。又作新加坡、星嘉坡。《清朝续文献通考》卷三三三、三三八、三三九，《清史稿》卷一三六、一五三、五二七均有记载，即今之新加坡，该名源自梵文的 Sinhapura 或 Singapura，意为狮子城。

上述中国历代典籍中关于今天的新加坡的相关地名，从一个侧面显示了中国与新加坡密切的人文商贸联系和深远的历史渊源，表明新加坡自古以来就与中华文明关系密切，特别是马六甲王国时期，而不是仅仅始于西方殖民者入侵新加坡以后。

中华文明对新加坡的影响较大的是宗亲意识和儒家思想。从古代典籍可以推测，华人至少在公元元年前后就已经来到新加坡。他们的身份构成非常丰富，既包括中国历朝历代政府派遣的官员、学者、探险家，也有商人、农民、手工业者等，这是早期陆续到新加坡的中国移民。到了近现代，新加坡沦为英国殖民地后，中国大量移民下南洋，来到新加坡做苦力、小贩。他们克勤克俭，发展壮大，用自己的双手缔造了今天的新加坡，这是新一批到新加坡的中国移民。这些移民彼此多为乡党、宗亲关系，他们血浓于水，相互依存。儒家思想在新加坡的早期传播，主要靠家庭、宗亲组织或同乡组织的祭祖活动和私塾教育。从社会组织形态看，华人的传统社团现在仍在新加坡社会动员中发挥一定作用。至于儒家思想在婚姻、家庭、社会关系上的理念和原则，更是新加坡社会的核心理念之一。新加坡政府独立后将儒家思想定为全民"共同价值观"的理论基础，又将"儒家伦理"定为学校的选读课程。

　　中华文明还带给新加坡华人勤奋、忍耐、节俭、忠诚等传统美德。儒家强调以道德规范约束自己的行为,要求"慎独"。这种自我克制、自我反省的品格,对成就一个人非常重要。数以十万、百万计的华人漂洋过海,靠的就是这种刻苦耐劳、发愤图强的精神。新加坡人坚持以"忠诚"为核心的道德训诫来处理商业伙伴间、同行间、主从间的关系。在新加坡,"忠诚"至少有两层含义:一是人际关系讲究"诚信",即讲信用、信誉;二是个人与组织间强调"忠诚",即忠于事业、忠于团体、知恩图报。儒家文化不仅增强了新加坡华人的凝聚力,而且在新加坡的社会生态、经济运行等方面发挥了至关重要的作用。从社会层面看,儒家思想加强了新加坡社会各界的联系和关系的稳定,对促进新加坡经济繁荣和政治稳定发挥了极大作用。在经济运行和商业管理方面,儒商是新加坡经济腾飞的一分子。经过现代化改良后的家族企业至今仍是新加坡的商业基础之一。

　　此外,儒家文化所倡导的"兼收并蓄、和合共生"也是新加坡多元文化的重要思想源泉。今天的新加坡汇聚了来自世界各地不同种族的人群,居民包括华人、马来人、印度人、欧亚混血人和其他少数民族。他们各有自己的历史传统、文化特色、宗教信仰和节日礼俗,使新加坡文化呈现多元特色。

　　在新加坡,极具有中华文明特色的实物之一是各色店屋。这些二三层的小楼,在街道两侧整齐排列,颜色亮丽,靛青色、粉色、黄色……在热带阳光的照耀下格外醒目。这些小小的店屋既有最初的中华文化特色,又有符合新加坡本土文化的改良。

　　店屋通常从街道的一头开始,一家家排列到街道的另一头。从正面看,它相当狭小,只有四五米宽,木梁架在两侧承重墙上,支撑起各个楼层。房顶搭上瓦,就成了一座小楼。然而店屋内部却别有洞天。一家店屋的深度至少是宽度的三四倍,直通后巷。屋内分割为楼梯间、房间、走廊、厨房、厕所,中部还保留了中国建筑

中国风格的店屋

中常见的天井结构,天井中往往养着盆栽花草,有的还配有一张茶几,颇有"大隐隐于市"的味道。

有的店屋按照中国传统,采用完全开放的天井,从三楼直通一楼,构成了一个独立的小型露天庭院。有的店屋在天井上又支起小亭盖,以避免水涝和过强的日照。在狭长且两侧封闭的店屋中,天井改善了采光和通风,可谓店屋的点睛之笔。而在炎热午后,店屋的高墙和天井又可创造出幽深清凉的环境,让店屋成为热带小城中的世外桃源。

这种正面窄、纵深长的奇特比例源自中国南方民居风格。在中国,人们在江南的水道旁,或岭南的街道边,都常常能看到类似的窄瘦民居和店铺。早年华人下南洋,就把家乡的建筑风格带到了新加坡。另一方面,中国建筑本来就惯用木结构支撑房顶,传统的店屋当然也概莫能外。由于当地木材的承受力有限,因而店屋的宽度受到限制。

此外,这一建筑结构也源自殖民统治时期的深层原因。英国

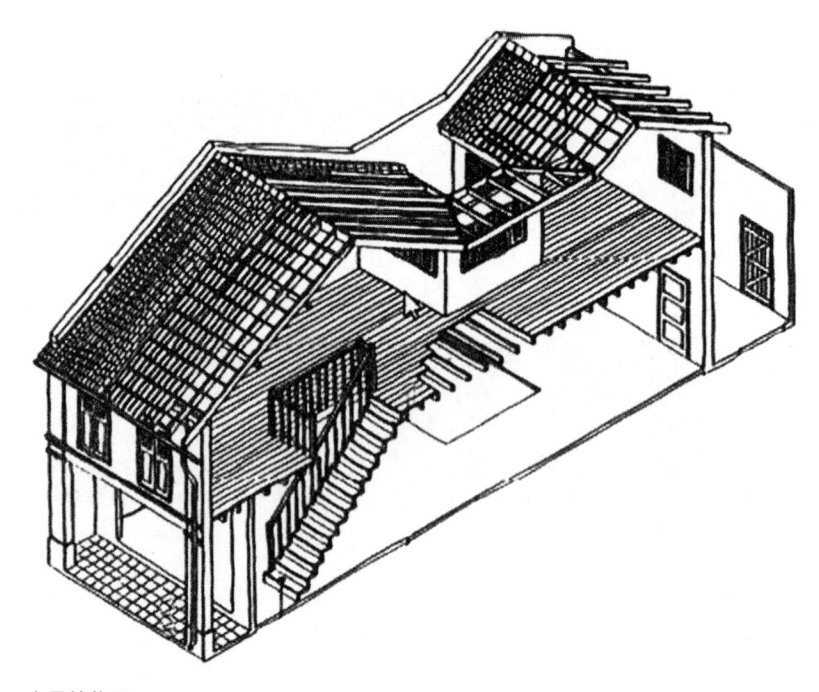

店屋结构图

人最初规划新加坡城市建设时，曾按照管理印度等其他殖民地的经验，将不同种族划分为不同片区，分而治之。殖民者当初把新加坡中部的大片土地留给了欧洲人，而边缘地区则分别划出了中国人、印度人和马来人的小片居住区。出乎意料的是，华人社区人口迅速膨胀到数万，欧洲人却不到百人。在狭小而拥挤的华人社区中，"临街"逐渐变成了珍贵的商业资源，而正面狭小的店屋既能让更多人享受到"临街"的特权，又可以最大限度容纳更多居民，可谓一举两得。

因其雅俗共赏的外观、深沉蕴藉的文化和方便宜居的实用性，岛上其他族群的居民也纷纷效仿、采纳店屋的形式，土生华人、马来人、印度人也根据自己的喜好，改造出形式各异的店屋。华人在店屋的正面往往会挂起牌匾和灯笼，在墙上刻上松、竹、梅、兰，龙和麒麟等植物或瑞兽。马来风味的木雕、希腊罗马式的柱头和拱圈、欧洲殖民风格的盾牌和勋章……缀满店屋的正立面，而店屋的

店屋的不同形制

窗户也可谓琳琅满目,有百叶窗、推拉窗、滑窗、玻璃窗等,不一而足。不同风格的文化元素在店屋混搭在一起,竞相辉映,共筑多元文化的魅力。

新加坡的"中式巴洛克风格"店屋

八、古印度文化对新加坡的影响

　　印度与东南亚地区的历史渊源可追溯至公元元年前后，新加坡也莫能外之。在今天的新加坡，印度人是仅次于华人和马来人的第三大族群。印度文化自古以来对东南亚影响非常大。印度同柬埔寨、马来西亚和泰国的古代贸易有史可据。早期东南亚的文化、传统和语言与古印度有联系且深受其影响。从柬埔寨暹粒的吴哥窟庙宇、印度尼西亚日惹的婆罗浮屠塔和普兰巴南寺庙群，以及马来西亚吉打的古代神社，都能看到印度教、佛教对东南亚的影响。新加坡的历史名称"新加坡拉"，就源自梵语，意为"狮子城"。

　　公元元年前后，印度教、佛教开始传入包括新加坡在内的东南亚地区。印度教在东南亚的传播路线有两条：一是从海路，即从印度东海岸出发，经马六甲海峡到达马来半岛和印度尼西亚群岛；另一条是从陆路，即从印度阿萨姆地区进入上缅甸，再转入湄公河流域的柬埔寨、老挝和越南。

位于新加坡"小印度"的印度人寺庙

据考证，15世纪前居住在新加坡的马来人颇受印度文化的影响。早在公元元年前后，印度的泰米尔族、齐提族就已移居马来半岛及新加坡，为当地带来印度文化，并在这里建立了若干印度式的地方政权，这一时期也成为南印度泰米尔人大量移居马来半岛的时期。英国殖民者统治马来半岛后从印度南方又招募来大批新泰米尔人充当劳工，这些新泰米尔人和老泰米尔移民构成了今天马来半岛的泰米尔族。齐提族，是指移居马来半岛的印度雅利安人。"齐提"(Cheti)一词，出自梵文，本意是贷款商人。最早来马来半岛的印度人主要是商人，他们原属雅利安人种，人数比泰米尔人少，但因大多数从事贷款生意，所以当地人称其为"齐提"。后来，人们将信奉印度教的雅利安人移民称为"齐提族"。

泰米尔族和齐提族都信奉印度教。他们对神灵非常虔诚，常集资修建印度教神庙，作为日常朝拜神灵和节日集会的场所。这些印度教徒十分注重宗教节日。每逢节日，他们均举办盛大的庆祝仪式。

除了印度教，包括新加坡在内的东南亚地区也深受印度佛教的影响。暹罗和室利佛逝王国都信奉佛教。公元5世纪初，中国高僧法显所著的《佛国记》所载，耶婆提（今印度尼西亚苏门答腊及爪哇）盛行婆罗门教，同时也有少量的佛教。稍后，印度僧人求那跋摩赴华路经阇婆（古地名，位于今印度尼西亚爪哇岛或苏门答腊岛）时，已见佛教甚为流行。据中国史籍《宋书》《南史》《梁书》记载，5世纪中叶至6世纪上半叶，苏门答腊、爪哇和巴厘等地已广信佛法。7世纪末，建立在苏门答腊的室利佛逝王国就信奉佛教。中国高僧义净往返印度时都在此落脚。据其所述，该地大小乘并举。但从出土的文物看，密教系的观世音菩萨和多罗菩萨信仰也很普遍。8世纪初，到中国的印度高僧金刚智曾在室利佛逝滞留。可见8世纪前后大乘佛教特别是密教一系在室利佛逝十分流行。8世纪以后佛教由室利佛逝向新加坡以及马来半岛北部扩展，当地王室很多人信奉密教，马来半岛建立有大批密教寺院。8—9世纪在中爪哇建立的夏连特拉王朝信奉大乘佛教与印度教混合的密教，世界驰名的婆罗浮屠就是那个时期建造的。10世纪初，室利佛逝的高僧编集了著名的佛教教义《圣大乘论》。13世纪的信诃沙里王朝和14世纪的满者伯夷王朝都信奉佛教。爪哇佛教是大乘密教和印度教湿婆派的混合物。他们把佛陀和湿婆看作一体，在崇拜的对象中杂有印度教的很多神祇。15世纪，佛教和印度教湿婆派的信仰在东南亚逐渐衰落。

今天，新加坡的印度教徒有数十座神庙，其中最古老的有两座：一座是1843年建造的室利·摩里亚曼寺，一座是1859年建造的檀底楼特波尼寺。

新加坡的印度人聚居区"小印度"标志

九、阿拉伯文化对新加坡的影响

阿拉伯文化给新加坡早期先民马来人带来的影响是巨大的，最突出的表现就是马来人整体皈依伊斯兰教。拜里米苏拉于1424年病逝，其子穆罕默德·伊斯干达沙（Mohammad Iskandar Shah）继位，从他的名字可以看出，当时拜里米苏拉的儿子也已经皈依伊斯兰教。

马六甲作为海上商贸中心，也是文化传播的中心，而阿拉伯文化也是从马六甲传入东南亚的。阿拉伯人的航海技术、经商文化对新加坡的影响延续至今。19世纪英国在新加坡开埠时，专门划设了阿拉伯人居住区，与华人社区、马来人社区处于同等地位。今天很多人甚至把马来文化与阿拉伯文化画等号，可见阿拉伯文化对新加坡原住民的影响之大。今天新加坡有所谓的阿拉伯街。其实那并不是某一条街道，而是位于地铁武吉士站（Bugis）附近的阿拉伯文化社区——甘傍格南区，包括亚拉街、巴格达街、苏丹门、巴

新加坡的柔佛王国苏丹清真寺

梭拉街、干达哈街等若干街区。其中有名的街道包括巴索拉街、巴格达街、坎大哈街、马士吉街等。这里有新加坡最有名的清真寺——苏丹清真寺。附近街道上遍布别具民俗风情的小店，售卖地毯、古董、檀香、阿拉伯传统服饰、蜡染等。这些阿拉伯文化色彩浓郁的社区，也是历史上阿拉伯文化对新加坡影响的一个缩影。

作者点评

在很多人的印象中，"新加坡是一个现代移民国家"，甚至有人认为"新加坡没有古代史，只有近现代外来移民史"。这些误解可能源于人们对新加坡历史尤其是古代历史的难以获取，也可能受到一些西方史学家的影响，因为西方研究者撰写的新加坡史，大多是从1819年新加坡开埠时写起，如英国著名的历史学家康斯坦丝·玛丽·藤布尔所著的《新加坡史》，开篇第一章就是《新的殖民地（1819—1826）》。这是西方学者站在他们的立场对新加坡历史的理解，也折射出西方记忆对新加坡历史的印象，这样的描述难免会给世人留下"新加坡没有古代史"的误解。

事实上，新加坡在开埠之前的历史悠久而灿烂，值得我们深入挖掘和细细品味。这段历史集中地体现了马来本土文化、中华文化、古印度文化和阿拉伯文化对新加坡的"集体塑造"作用。这就是本章所着力为大家还原和呈现的历史。

今天的新加坡虽与古代大不相同，甚至就城市面貌来说大相径庭，但它作为多元文化中心的独特地位和精神特质却一脉相承。新加坡虽常被贴上"年轻的移民国家"标签，但这个"年轻的国家"确实有着值得骄傲的、古老的文化积淀——数千年来马来文明、中华文明、古印度文明和阿拉伯文明的熏陶及其成果。当读者了解新加坡这片热土所承载的多元文化后，就会更深刻地了解今天新加坡那沟通东西、多元包容的独特气质和文化底蕴。

第二章
殖民地记忆

一、柔佛王国"联荷抗葡"

葡萄牙人出兵占领马六甲王国首都并灭掉该国后,被迫流亡在外的马六甲王国苏丹马哈茂德·沙阿率领军民辗转至马来半岛的巴莪(今马来西亚麻坡市的一个小镇)、柔佛(今马来西亚柔佛州,该州位于新加坡北面,与新加坡相邻)等地继续抗击葡萄牙殖民者,并渡过马六甲海峡在新加坡南面的廖内群岛的最大岛屿民丹岛(Bintan Island,今属印度尼西亚)建立了新都,疆域包括今新加坡岛和毗邻的印度尼西亚廖内群岛。在这里,苏丹马哈茂德·沙阿继续领导复国运动,从陆地和海洋上不断袭扰葡萄牙殖民者,让葡萄牙人吃尽了苦头。

1526 年,恼羞成怒的葡萄牙殖民者派出了由佩德罗·马斯卡伦哈斯将军(Pedro Mascarenhaas)率领的强大舰队,从印度果阿出发前往民丹岛,攻击并摧毁了马哈茂德·沙阿的基地,马哈茂德·沙阿随后转移到甘巴(Kampar,又译甘帕,位于今印度尼西亚苏门答腊岛),并于两年后的 1528 年驾崩于此。同年,苏丹马哈茂德·沙阿的幼子阿拉乌德丁二世(Sultan Alauddin Riayat Shah Ⅱ)继任苏丹。1536 年,阿拉乌德丁二世宣布放弃马六甲苏丹称号。

1540年,阿拉乌德丁二世以旧柔佛为首都(现为马来西亚南部毗邻新加坡的一个重要港口,位于柔佛河中游),创建了"柔佛王国"(Kingdom of Johore),中国明朝称之为"胡戎国"。也有历史学者认为马哈茂德·沙阿是柔佛王国的创始人。阿拉乌德丁二世继续领导军民抗击葡萄牙殖民者。1536年,他一度与葡萄牙人讲和,但双方很快再次反目。

柔佛王国从血统上讲,直接来自已灭亡的马六甲王国的苏丹,所以在一定程度上可以看作马六甲王国王统的延续。但它在很多方面又是一个全新的王朝,因此历史学界大多倾向于把它称作一个新的王国。柔佛王国建国后,即派遣"天猛公"对治下的新加坡实行统治。天猛公是马来苏丹国的一种高级官职,系苏丹宫廷侍卫、警察和军队统领的总称,位高权重。在苏丹委派的天猛公统治下,新加坡成为柔佛王国治下的一个重要地方政权。

柔佛王国建国后,一面继续与"灭国世仇"葡萄牙殖民者作战,一面开始与印度尼西亚苏门答腊岛崛起的亚齐王国交战,这段时期大约持续了一个世纪,因而这段时期在历史上又被称为"三角战争"或"三角交争"时期。关于亚齐人的祖先,有多种说法,最广为接受的一种是指其为占婆人的后裔,其故土占婆王国位于今越南的南部,1471年被越南后黎朝消灭后散落南洋各地,其中一支流散到今新加坡以南、印度尼西亚苏门答腊岛北部的亚齐并建立亚齐王国。总之,在此期间,柔佛王国、葡萄牙人和亚齐王国三方之间相互攻伐。1587年,葡萄牙人甚至攻占了柔佛王国的首都旧柔佛,柔佛王国被迫迁都至巴都沙哇。

然而情况很快有了变化,新殖民者的加入打破了原有的三角交争状态。17世纪初,随着欧洲资本主义经济的发展,新兴的荷兰资产阶级迅速崛起并垄断了东西方之间的航海贸易。从17世纪起,经过资产阶级革命而摆脱西班牙统治的荷兰,在短短几十年间就在发展上超过许多欧洲国家,成为"17世纪标准的资本主义国家"。波罗的海沿岸地区的粮食由荷兰运往地中海。德意志的酒类、法国的手工业品、西班牙的水果和殖民地产品由荷兰运往北欧。虽然荷兰是个面积仅4万多平方公里、自然资源匮乏的欧洲小国,但它在17世纪上半叶就拥有了1.6万艘商船,是法国、英国、西班牙和葡萄牙四国商船总吨位的3/4。荷兰人垄断了世界贸易,荷兰商人的足迹遍及五大洲,因而获得了"海上马车夫"的称号。

早在1619年,荷兰人就在今印度尼西亚的爪哇地区建立了第一个殖民据点巴达维亚(今印度尼西亚首都雅加达市),然后由爪哇向西侵入苏门答腊岛,向东从葡萄牙人手里夺取了香料群岛(今印度尼西亚马鲁古群岛),还相继侵占了马六甲和锡兰(今斯里兰卡)。在亚洲东部还一度侵入中国台湾地区,在日本九州岛的长崎取得了商业据点。1652年,荷兰在南非建立了好望角殖民地。在北美以哈得孙河流域为基础,建立了新尼德兰殖民地,并在河口夺取曼哈顿岛建立了新阿姆斯特丹。在南美洲,荷兰殖民者占领了安得列斯群岛中的一些岛屿。

在荷兰殖民势力侵入马来半岛这一时期,为争夺东南亚香料贸易的主导权,荷兰人与盘踞在此的葡萄牙人展开了激烈的争夺战。到17世纪中叶,这场为争夺东南亚香料贸易而展开的争夺已经达到白热化状态,双方为扩大各自的殖民势力范围均采取了一系列激烈的对抗措施。

17世纪中叶,柔佛王国苏丹阿勃都尔·者利,希望借助荷兰人的力量击败葡萄牙人,并收复马六甲城。1639年柔佛王国与荷兰签订了共同进攻马六甲城葡萄牙人的条约。1640—1641年,柔佛王国派出了由40艘舰船组成的舰队,它们同荷兰人的舰船组成联合舰队,打败了葡萄牙这个老对手,将盘踞在马六甲地区长达100多年的葡萄牙殖民势力彻底驱逐出了马来半岛,最终为马六甲王国报了灭国世仇。然而,荷兰人与柔佛王国联手的最终目标

17世纪悬挂红白蓝三色旗的荷兰舰船在马六甲海域频繁活动

是将强劲的殖民对手逐出本地区,从而独占东南亚。此外,还有一个更加直接的目的,就是开采马六甲地区的锡矿。因此,在击败葡萄牙人后,虽然柔佛王国苏丹声称自己是马六甲的主人,但荷兰人并不承认柔佛王国对马六甲的主权,而是自行管理马六甲城。

柔佛王国和荷兰人也联合对亚齐王国展开了一系列战争,柔佛王国借机夺取了彭亨(今马来西亚的彭亨州),并在马根都希(今哥打)这个地方建立了新首都。随后,柔佛王国迎来了中兴,疆域一度涵盖了今马来西亚和新加坡两国大部分领土,成为控制马来半岛大部分地区(各地方拥有自己的马来人苏丹,但均臣服于柔佛苏丹),马六甲海峡以南廖内群岛和苏门答腊下辖望加锡、监篦、硕坡等地的广袤帝国。荷兰人也从亚齐王国获得渴望已久的利益。1639年,荷兰人最终迫使亚齐人签订协议,同意荷兰人在霹雳(今马来西亚霹雳州)开采锡矿。1641年,荷兰第一位驻马六甲总督要求霹雳地方的苏丹"停止同外国公司的一切贸易,必须把锡矿资源全部卖给荷兰的东印度公司",这理所当然地遭到了霹雳地方苏丹的拒绝。荷兰舰队随即封锁了霹雳河口。1650年,荷兰人最终强迫亚齐签订了条约,规定荷兰东印度公司和亚齐王室分享霹雳锡业贸易,将其他国家全部排除在外。

面对西方殖民大潮的侵袭,柔佛王国的辉煌注定是短暂的。1673年,柔佛王国开始遭到位于今印度尼西亚苏门答腊岛上的一个新崛起的王国占卑王国的入侵,国势急转直下。1699年,柔佛王国苏丹被暗杀,王国政权落入天猛公阿布杜尔·者利·黎耶·沙阿(1699—1719年在位)之手,史称"首相王朝",而柔佛王国延续自马六甲时代的王统也就此中断。

此后的柔佛王国虽名义上仍有苏丹,但实际上长期由首相统治,而历任首相也缺乏强有力的影响,从而导致王国所辖的各马来人土邦都拥有自己的苏丹和首相。这些地方割据势力各行其是,并不完全听从王国统一号令,成为今天马来西亚下属各州苏丹及地方政府的前身。

在此后的历届"首相王朝"期间,柔佛王国先后受到来自今印度尼西亚苏门答腊岛的锡克人和望加锡岛武吉斯人的入侵。其间,王国所辖的森美兰马来人土邦又宣布从王国脱离出去,而吉打、吉兰丹、丁家奴等土邦又相继沦为北方暹罗的被保护邦,真可谓"屋漏偏逢连夜雨"。

到1795年,柔佛王国的实际版图已经缩小到只剩下彭亨、柔佛和新加坡岛、廖内群岛的少数几个马来人土邦。当时的新加坡作为王国下辖的一个地方土邦,同其他地方一样,也有自己的苏丹和首相。而且更令人忧虑的是,包括新加坡在内的所有土邦虽名义上仍受王国苏丹、首相和土邦苏丹、首相统治,但实际上已逐渐沦为新殖民者——荷兰殖民者的势力区。柔佛王国联合荷兰人驱逐了有灭国世仇的葡萄牙人,却无奈成为新殖民者荷兰人的猎物,可谓"前门拒虎,后门迎狼"。

柔佛王国国祚的衰微是由诸多原因造成的。从内部来看,自身问题重重：政权涣散、王室不振；从外部看，既受到来自北方大陆的暹罗人和来自南方苏门答腊岛的锡克人、望加锡岛的武吉斯人的侵扰，又不断遭受外来新殖民者荷兰人的威逼利诱，除非做出巨大的改革，否则王国走向衰微是不可避免的。

二、英、荷争夺柔佛王国

如前所述，1641年新崛起的荷兰殖民者联合柔佛王国，从葡萄牙殖民者手中夺取了马六甲城，并将葡萄牙人赶出了马来半岛。然而，荷兰殖民东南亚的历史并不是从1641年才开始的。实际上，荷兰人很早就已染指东南亚地区，其殖民历史一直延续至击败葡萄牙人后的近200年。仔细探究起来，在1602年至1638年，荷兰人就已经开始接触柔佛苏丹，了解到柔佛王国与葡萄牙人的世仇之后，便开始试探与柔佛王国联手进攻盘踞在马六甲城的葡萄牙人的可能性。接下来，1639年至1700年，荷兰人成功地联合柔佛王国击败了马六甲城的葡萄牙人，然后独占马六甲城，并在随后的时间里重建该城，推动了马六甲海峡商业的繁盛。

然而，如前所述，荷兰人协助柔佛王国驱逐侵占马六甲的葡萄牙人并不是大发慈悲，而是为了独占东方贸易。事实上，在此后的一两百年时间里，柔佛王国（包括其所辖的新加坡地区）不可避免地沦为新来的荷兰殖民者的"囊中之物"，逐渐成为其垄断东方贸易、对东南亚进行殖民统治的基地。

这一时期，荷兰人扩张在东南亚殖民势力最主要的工具，就是著名的资产阶级政商军事集团——荷兰东印度公司。

17—18世纪，荷兰人所拥有的很多殖民资产都会被打上VOC的标记。其实，VOC就是荷兰文Verenigde Oostindische Compagnie的缩写，意思就是"联合东印度公司"，即著名的荷兰东印度公司。它是荷兰6个小商家于1602年3月20日联合成立的一家集政治、商业和军事功能于一体的大型集团公司，被荷兰政府赋予独立

17世纪荷兰东印度公司的标志

的政治、经济和军事决策权,可独自完成政治协定、签订商业合同、训练自己的军队、修建城堡并攻占港口。随着规模的扩大,该公司后期实际上已经成为一个富可敌国的"殖民巨兽",它集庞大的人力、物力、财力与军力于一体,致力于拓展荷兰在印度以东的东南亚等地区的商业利益,而其决策很多时候只要由公司董事制定即可。

荷兰人为什么要组建东印度公司。因为历史上荷兰人长期处于西班牙人的统治之下。经过近80年的艰苦斗争,直到1648年荷兰人才脱离西班牙王国的统治,获得完全独立。联合东印度公司就是在荷兰人反抗西班牙人的独立战争时期成立的。当时在争取民族独立的斗争中,荷兰人认识到,作为一个被压迫的弱小民族,要想打败强大的外来统治者,就要组建统一的联合阵线,只有这样才能在商业和政治上积累足够的实力对抗强大的敌人。基于这一原因,1602年3月20日荷兰东印度公司正式成立。公司成立后除了致力于争取民族独立,也很快被赋予了占领东方市场,为荷兰积蓄财富的使命,而当时印度以东包括马六甲、其他东南亚王国所辖地区的商业活动已经大多被葡萄牙人控制,因此荷兰东印度公司自然要与葡萄牙人展开激烈的经济和军事争夺。最终,在1641年,新兴的资产阶级殖民强国荷兰打败了旧式的欧洲王国葡萄牙,夺取了对东南亚贸易的控制权。

与此同时,比荷兰更加强大、羽翼日渐丰满的又一新兴殖民强国英国,也开始染指名义上仍属柔佛王国实为荷兰殖民势力范围的马来半岛(含新加坡地区)。1701年至1795年,荷兰人在马六甲城、新加坡岛附近海域的商业活动逐渐由盛转衰,荷兰东印度公司的经营状况也时好时坏。在此期间,英国武装商船就与当时穿行在马六甲海峡的荷兰人不断发生武装冲突。1786年,英国海军上校F.莱特奉英国东印度公司之命,前往马来半岛,利用当时吉打土邦的困境,迫使吉打苏丹将槟榔屿割让给了英国东印度公司,英国的殖民势力首次在马来半岛落地,并首度与控制该地区的荷兰人形成对峙局面。

1795年,英国以荷兰的海外殖民地被法国控制为借口,进攻马六甲城,在未遇抵抗的情况下占领了马六甲城,从而控制了整个马六甲海峡。1796年至1818年,荷兰人被迫将马六甲城交由新崛起的英国殖民者暂管;1819年至1824年,荷兰又短暂恢复了本国东印度公司对马六甲城的经营。但最终,荷兰人仍不敌新兴殖民强国英国的攻势,于1825年结束了对马六甲、新加坡地区的殖民统治,将殖民宗主权拱手让给了英国人。

在1795年占领马六甲城后,英国人曾竭力将贸易中心从马六甲城转移至槟榔屿(今马来西亚槟榔州,位于马六甲海峡西北出口、马来半岛西北侧),但由于槟榔屿地理位置过于偏西北,不便于建立控制马六甲海峡乃至整个东南亚的船舶修理站、海军基地和贸易中心,且不能控制通向中国的贸易航线,因此1800年英国又迫使吉打土邦苏丹割让槟榔屿对岸马来半岛上的大片土地,建立了所谓的威利斯省,旨在巩固槟榔屿的地位。1802年3月27日,英国同拿破仑统治下的法国及其盟国西班牙、巴达维亚共和国(荷兰)在法国北部城市亚眠签署《亚眠条约》。根据该条约,英国应将马六甲城归还给荷兰,但英国以与拿破仑的战争再次爆发为借口,直到1818年才将马六甲城归还给荷兰。

将马六甲城归还给荷兰之后,英国在东南亚"好不容易"获得的殖民据点丧失,英荷双方对马来半岛的殖民局面再次陷入僵持。

1818年，为打破这一局面，曾在英属爪哇殖民地（今印度尼西亚爪哇）任副总督的托马斯·斯坦福·莱佛士爵士向英国驻印度总督W. 黑斯廷斯勋爵提出一项战略计划，建议在马六甲海峡的南端开辟一个全新的殖民贸易中转站以控制整个马六甲海峡，并与荷兰控制的马六甲城形成对峙，进而实现在马来群岛永远取代荷兰的目标。

1819年1月29日，为寻找新基地而在马六甲海峡南端反复勘探的莱佛士登上新加坡岛，不禁大喜过望，发现脚下这片土地就是他计划中的"理想之地"。新加坡近代史上最重要的一幕——新加坡的开埠史就此揭开。

与荷兰一样，英国对殖民地的最初统治也是靠东印度公司，即英国东印度公司。英国东印度公司全称"不列颠东印度公司"（British East India Company，简称BEIC），初名"伦敦商人在东印度贸易的公司"（The Company of Merchants of London Trading into the East Indies），别称"约翰公司"（John Company）、"令人尊敬的公司"（The Honourable Company），1600年12月31日由英国女王伊丽莎白一世授予皇家特许状，准予在印度及其以东地区开展贸易，后扩展至全球。英国东印度公司在成立初期由1名总督和24名董事组成董事会，下辖10个委员会。后来随着业务的不断扩展，其影响力不断扩展，变成了英国海外殖民地的事实上的统治者，不仅有权占有土地、铸造货币、调遣军队、签订协议、发动战争和议和，甚至还可以建立自己的法律和税收体系，富可敌国，成为英国在资本主义发展早期进行资本原始积累和殖民开拓的主要工具之一。

英国东印度公司靠贸易起家，茶叶、丝绸、纺织品、硝石甚至鸦片等麻醉品都曾是它的经营商品，但随着这些商品交易的没落，它的发展也由盛转衰。特别是公司长期拥有宣战、铸币、征税、派遣官员等诸多特权，导致其拥权自重、日益腐败。其对殖民地人民的残酷统治激起当地人民经久不息的反抗，在英国内部也遭到质疑，最终英国政府不得不收回其特许权。1813年,英国东印度公司的垄断地位被打破,公司开始脱离贸易业务。1857年,公司将管理事务交由英国政府行使,政府开始直接出面委派官员对殖民地进行管理。19世纪60年代中期,公司大部分财产转交政府。1874年1月1日,《东印度公司股息救赎法案》生效,公司宣告解散。

三、新加坡开埠与英国吞并柔佛王国

1819年1月29日,莱佛士登陆新加坡本岛。当时的新加坡是柔佛王国苏丹阿都拉曼·穆阿占沙统治下的一个地方政府,由当地的天猛公阿卜杜拉·拉赫曼(Temenggong Abdur Rahman)实际统治,且受到先期来到的荷兰殖民者的渗透和控制。

莱佛士十分看重新加坡岛得天独厚的地理位置,急不可待地试图获得对新加坡的贸易权。在登陆新加坡岛的第二天,他就迫不及待地与柔佛王国派驻当地的天猛公阿卜杜拉·拉赫曼私下签订了协定,获准在当地建立贸易站。他信心满满地宣布,英国东印度公司已经从柔佛王国苏丹的手中获得新加坡的治权,但这一协定的合法性至今仍受到质疑,原因是他与当地天猛公签订的协定并没有征得当时的柔佛王国苏丹阿都拉曼·穆阿占沙的同意。根据此前王国苏丹与荷兰人签订的条约,地方天猛公阿卜杜拉·拉赫曼并无权代表王国苏丹与外国定约。

莱佛士认识到要想获得新加坡的殖民贸易权,不能绕过王国苏丹。但当时的柔佛王国苏丹阿都拉曼·穆阿占沙并不赞成将新加坡岛交由英国人经营。莱佛士为此颇为头疼。很快,他就得知柔佛王国苏丹阿都拉曼·穆阿占沙的兄长东姑胡先(Tengku Hussein)也是王位继承人,只不过因父王驾崩时正在彭亨土邦(今马来西亚彭亨州)而被取消了王位继承资格。得知这一情况后,莱佛士很快觐见东姑胡先并宣称英国只承认东姑胡先为柔佛王国的合法苏丹,且请求将新加坡租借给英国。1819年2月6日,莱佛士与"英国承认的苏丹"东姑胡先达成协议,英国获准在新加坡合法设立港口和工厂,从而获得了对新加坡的管理权。

荷兰人对英国人这种不择手段在自己眼皮子底下"挖墙脚"的行为提出了强烈抗议,但英国方面毫不示弱。英国驻印度总督针锋相对地表示反对荷兰人的抗议,甚至准备为此与荷兰人兵戎相见。慑于英国的军事和经济实力,荷兰人对英国人这一"小人之举"采取了"不了了之"的政策。英国人最终以巧取豪夺的方式,获得了对新加坡这个战略要地的控制,进而实现了对整个马六甲海峡东口的控制。而莱佛士则成为"新加坡开埠第一人",并一直担任新加坡总督至1823年。

四、莱佛士

1819年,托马斯·斯坦福·莱佛士登陆和占领新加坡,并选择新加坡为英国新开发的港口,使他成为"新加坡开埠第一人"。他也由此成为英国驻新加坡的第一任总督,直到1823年离任。

莱佛士在新加坡期间做了一些整顿工作,如以新加坡河为经济命脉;宣布新加坡为自由港;规划新加坡的市区建设,设立了华人区(大坡)、马来人区(小坡)以及欧洲人和阿拉伯人区(美芝路),力求各个族群能够和睦相处。

此外,莱佛士也督导制定了新加坡的法律,如控制烟草和猪肉销售,严禁赌博等。1820年,新加坡开始为英国产出利润。1823年,新加坡的贸易额已经超过马来半岛的槟榔屿。

莱佛士是个古怪的多面手,也是个充满矛盾和争议的人。无论是在他生前还是身后,围绕着他的赞誉和质疑始终没有散去。他既是学者,又是颇有手腕的政治家,还是个精于算计的商人。一方面,他是英国利益的忠诚维护者和殖民开拓的急先锋,他为大英帝国的利益殚精竭虑,四处奔忙,开疆拓土,用不太光明正大的手段帮助英国获得了新加坡。但另一方面,他促进了近代以来新加坡的繁荣发展,在这方面他又功不可没。1819年2月6日,莱佛士获准在新加坡设立商港,该日也因此成为新加坡的开埠日。直到今天,新加坡的很多酒店、广场和雕像仍以他的名字命名,他也被尊为现代新加坡的缔造者。

莱佛士1781年7月6日出生于英属牙买加的莫兰港,1826年7月5日去世,去世时年仅45岁。他出生的地方加勒比海沿岸的牙买加当时仍是英国的殖民地。他的父亲是一位船长,家境并不富裕,因

托马斯·斯坦福·莱佛士画像

此他并没有接受过正式的教育,14岁就被迫辍学,进入位于伦敦的英国东印度公司总部任书记员,以供养母亲和4个姐妹。他依靠自己钻研科学,还学会了数种语言,对博物学也颇感兴趣。1805年,改变他命运的机会来了。年仅24岁的莱佛士在这一年被公司派往英属马来亚的槟榔屿殖民地担任助理秘书一职,并就此开启了他在东南亚的殖民生涯。槟榔屿,当地华人又称为槟城,是英国通过巧取豪夺,在马来亚好不容易建立起来的第一个据点,也是英国殖民者对抗当时风头正盛的荷兰东印度公司的桥头堡。出身贫寒的莱佛士到达这里后,靠着勤奋钻研,很快就了解了散居在这里的马来人的语言、历史和文化,并赢得了时任英国驻印度总督明托勋爵的赏识。

在莱佛士来到槟榔屿的那一年,他和一位比他大10岁的寡妇结婚。他的行为举止引起了许多英国人的猜疑,不仅因为他的夫人比他大不少,而且因为他的夫人并不是真正的英国人,他们认为她和莱佛士并不相配,但这并不影响他与妻子的感情,反而促使他更加发愤图强。1807年,莱佛士到马六甲城养病,进一步学习马来文,了解马来人的社会,这段时期成为了他人生的转折点,他开始展现治理东南亚的才华。

这时，盘踞在东南亚的荷兰殖民者已经先期控制马来半岛大部分地区并占据爪哇、苏门答腊等今属印度尼西亚的南方群岛，将该地区称为荷属东印度地区。而法国这时的当政者拿破仑也试图与荷兰人联合，欲以爪哇群岛为跳板击败英国，从而获得他们在东方的贸易权。英国殖民者与荷、法殖民者的碰撞势在必然。1810年，莱佛士奉时任英国驻印度总督明托勋爵的命令去印度的加尔各答，受委任为印度总督驻东方特派员。同年10月奉命统筹英军远征爪哇的工作。1811年，莱佛士被明托勋爵任命为参谋，参与谋划从海路攻击荷属爪哇群岛的作战计划并随明托一起渡爪哇。1811年8月6日，英国远征军经过安全登陆爪哇岛，并向盘踞在这里的荷兰、法国联军展开攻击，最终占领了该地。在此过程中，明托对莱佛士所展现出的指挥才能倍加称赞。同年9月，明托任命他为驻爪哇代理总督。随后，在英国攻占了荷属苏门答腊岛后，莱佛士又被任命为驻苏门答腊总督。

不久之后，明托返回了英国驻印度总督总部所在地加尔各答，年仅30岁的莱佛士单独担负起管理爪哇岛数百万民众的任务。踌躇满志的莱佛士试行了一些当地自治政策，废除了奴隶贸易，修复了当地部分古迹，并推行了新的土地租赁制以取代荷兰人统治时期推行的强制农耕计划，实行土地国有化，招揽专门学术人才。为打破荷兰殖民体系，他还进行了一些社会改革，改善了原住民的生活条件。在闲暇之余，他还抽空撰写了《爪哇史》，试图全面回顾和总结该岛的历史，弥补有关该地区历史文化研究的不足。然而，改革耗资甚大、牵涉面甚广，最终夭折。

在此期间，莱佛士为了熟悉殖民地的人文风情，努力与马来人接触，探知马来人的社会风貌，渐渐成为一个"海峡通""马来通"，并深得当地马来人的尊敬。他还建议把马六甲城吸纳为英国的军事基地，并为此常年奔波劳累，导致健康出了问题，因此经常到马六甲城养病。

由于健康不佳，加之挚爱的妻子于1814年亡故，以及1815年英国又将苏门答腊岛归还给荷兰,莱佛士最终于 1816 年 3 月奉召回国并被册封为爵士。1817 年他续娶了妻子,并被选为皇家学会会员,但未能重新获得英国东印度公司当权者的信任。

1818 年 3 月,他的机会再度降临,英国东印度公司再度派遣他来到苏门答腊岛,担任苏门答腊西岸的明古连(又译"明古鲁")代理总督。鉴于荷兰已重新控制海峡诸岛并推行商业垄断政策,因此莱佛士决定避其锋芒,从别的地方入手发展英国势力。他凭借深厚的东方知识和卓越的口才,很快获得当时的驻印度总督 W. 黑斯廷斯的信任,后者同意他的建议,并希望尽快付诸实施。1818 年 12 月,莱佛士奉黑斯廷斯之命,开始在马六甲海峡东端寻找合适的地点,谋求建立英国的前哨基地。1819 年 1 月 28 日,为了找寻新的自由贸易港,莱佛士乘巡洋舰抵达棋樟山(圣约翰岛),29 日登陆新加坡本岛,在此建立了自由贸易港,这就是今天的新加坡。

他在登陆次日(有说当日)就宣布与当地天猛公订立友好同盟条约,东印度公司据此从柔佛王国苏丹手中获得了新加坡的管治权。然而这个管治权并不完全合法,因为事实上当时的柔佛王国苏丹阿都拉曼·穆阿占沙并未同意莱佛士的请求。因此,工于心计、善使手段的莱佛士采取了"扶持新苏丹,抵制旧苏丹"的计策,宣布不承认荷兰支持的原苏丹阿都拉曼·穆阿占沙,称愿拥立其兄长东姑胡先为合法苏丹,接下来通过与这个英国承认的苏丹缔结条约,获得了新加坡的合法管治权,莱佛士也成为英国驻新加坡的首任总督。

1823 年 1 月,新加坡被宣布为自由港。1824 年 3 月,英荷缔结条约,荷兰宣布放弃对新加坡的一切要求。这时莱佛士健康状况恶化,1824 年乘"荣誉号"回英国,不幸途中遭遇大火,家产和收藏付之一炬。返回伦敦后,他被誉为东方学专家并协助建立了伦敦动物园,当选为第一任园长和伦敦动物学会首任主席。1826 年 7 月 5 日,莱佛士爵士在 45 岁生日到来的前一天于伦敦病逝。

终其一生，莱佛士既有极不光彩的殖民行为，也有对近现代新加坡的开辟、建设和长远规划贡献：首先，他让新加坡从一个经历古代辉煌后没落的普通渔港再次崛起为世界上首屈一指的重要商港。他的社会管理理念、企业经营之道和文化保护主张等直到今天都有其可取之处。今天，新加坡的顶尖学府莱佛士书院、莱佛士女中和莱佛士初级学院都以他的名字命名；以他名字命名的莱佛士酒店则是新加坡最好的五星级饭店之一。其他用他名字命名的场所还包括莱佛士坊地铁站、莱佛士城等，这些都折射出了他对新加坡深厚复杂的影响。

他具有超越同时代人的战略眼光和精辟独到的见解。作为《爪哇史》的作者，莱佛士本身就是一位杰出的东南亚历史和地理学者。他通过对地区历史的深入研究，很早就敏锐地捕捉到新加坡地理位置的极端重要性。他深知，早在他来到新加坡之前的500年，这里就已经是一个繁荣的商港，并且早在"淡马锡"时代，新加坡就已与世界通商。莱佛士认为，他有能力重振新加坡的古代辉煌，让这个古老的文明重放光彩。因此，他最终选择在新加坡开埠并非偶然，而是经过一系列深入研究后的决定。

其次，莱佛士从一开始就把新加坡定位为自由贸易港，从而使"经济第一，商人至上"的价值观成为现代新加坡经年不变的精神内核之一，并延续至今，这也缔造了新加坡今天的经济奇迹。新加坡虽然小，但它有着拥抱全世界的胸怀；也正因为有这样的胸怀，世界各国的商人、移民才能络绎不绝地来到这里，自由地开展贸易，密切地相互交往，从而成为东西方交融的中心。

再次，莱佛士的一些精神品质值得后人尊崇和学习。除了本身勤奋好学之外，莱佛士也勤于历史研究，尤其对当地的历史渊源和古代的习俗颇感兴趣。他交际能力强，能与各个阶层的人群沟通自如。他懂得尊重别人，并拥有笑容可掬、温文尔雅的谈吐风格。他也喜欢帮助别人，同情弱势群体，因此深得人心。他喜欢研究政治、历史、法律和名人逸事。莱佛士的私人助理阿都拉常看到他在幽静的角落沉思,在处理事情的时候非常投入,常常不发一言且要追根究底。

此外,莱佛士颇善于社会管理。他对殖民地各个族群的思维和个性都了如指掌,比如他观察到当时的马来人慵懒闲散的习性,华人、印度人的勤劳本性,还有阿拉伯人善于经营生意的能力。对此,他在策划和发展新加坡的时候,采取了许多相应的措施来应对。例如他对新加坡的市区建设进行了认真规划,以新加坡河为经济命脉,将新加坡划分为华人区(大坡)、马来人区(小坡)和欧洲人—阿拉伯人区(美芝路),使各族群和睦相处。此外,他也协助制定了新加坡的法律,控制烟草、猪肉交易等。

然而,"功归功,过归过",围绕莱佛士个人的争议也始终没有停歇。历史学界及民间对莱佛士抨击最多的是他的殖民者本质,并且他采取"另立苏丹"这一并不光明正大甚至有些卑劣的手段,从柔佛王国手中威逼利诱获得了新加坡的管治权。站在不同的角度,人们有不同的看法,有的观点认为不管当初他使用了怎样的手段,毕竟让新加坡从此走上了开放、发展的道路,但也有不少观点认为莱佛士在获取新加坡管治权过程中的表现,确实给外界留下了为达目的不择手段的殖民主义者和投机政客的印象。

人们对莱佛士的另一个否定点是他在获得新加坡管治权后推行的毒品贸易政策。莱佛士在新加坡开埠之后,英国东印度公司随即将新加坡经营为加工、储存、分销鸦片的地区中心,从印度大量进

矗立在新加坡河边当年登陆点的莱佛士雕像

口鸦片,在当地加工后走私、贩卖至东南亚、中国等地,戕害亚洲人民身心健康。这导致了19世纪中叶两场中英鸦片战争的爆发。对此,一些西方历史学者也对当时英国殖民者推行的毒品贸易政策具有清醒的认识。例如,澳大利亚历史学者卡尔·特罗基(Carl Trocki)就强调"整整一个世纪",新加坡都是英国殖民体系在东南亚的"鸦片中枢",并指出苏伊士运河以东的英殖民体系"在本质上是个毒品垄断集团"。莱佛士作为英国殖民体系的维护者和执行者之一,他在经营鸦片贸易这一问题上对亚洲人民犯下了不可饶恕的罪过。

另外,人们对莱佛士的质疑还集中在他实施的一些社会政策上。在莱佛士管理新加坡期间,虽然来自鸦片贸易的收入已经很可观,约占当时英国在新加坡税收的50%,但仍不能满足帝国对财富积累的需求,因此莱佛士允许娼妓合法化、规模化,甚至从东欧进口妓女,并从中征收娼妓税。这一做法也招来后人的批评。

五、建立海峡殖民地

1824年,英国对新加坡的殖民宗主地位进一步得到确立。当年3月,英国和荷兰这两大殖民强国签订了《英荷条约》。根据该条约,荷兰撤销了对英占马来亚及新加坡的所有主张,并将其在马来半岛和印度的所有基地都转让给英国。作为回报,英国人则同意将其在苏门答腊岛、廖内群岛(均属今印度尼西亚)的据点转让给荷兰。两大殖民主义国家最终通过谈判,决定以马六甲海峡为界,划出一条分界线,规定该界线以北为英属殖民地,以南为荷属殖民地。该条约在事实上削弱了柔佛王国的影响力,粗暴地将其一分为二:北部是由英国庇护的苏丹东姑胡先统治的马来半岛地区,含柔佛、新加坡等在内,此后均归属英国,南部是由荷兰庇护下的苏丹阿都拉曼·穆阿占沙统治的苏门答腊岛、廖内群岛,此后均划归荷兰。同年8月,被英国人庇护的柔佛王国苏丹东姑胡先及天猛公阿卜杜拉·拉赫曼与英国签订协议,同意将新加坡割让给英国。

1824年《英荷条约》的订定使英国完全获得了渴望已久的对马来半岛(含今西马来西亚和新加坡)的殖民宗主权,而荷兰则转而经营荷属东印度地区(含今印度尼西亚)。两大殖民国家经过激烈争夺后实现了新的划疆而治的格局。

不过,英国虽获得了马来半岛的殖民宗主权,但其认为自己对马六甲海峡这一重要贸易通道的控制仍不够。事实上,英国的殖民势力早在1785年即开始进入马来半岛,其下属的东印度公司曾向吉打土邦苏丹租借槟榔屿(华人称为槟城),随后获得槟城的统治权。随着1819年英国从柔佛苏丹手中夺取了新加坡的管治权,1824年英荷签订了条约,英国确定了对马来亚的统治权。为了更好地管理和控制分布在马六甲海峡沿岸、互不连接的新加坡(华人称为石叻埠)、马六甲城和槟城这三个殖民地,1826年英国殖民者将上述三个殖民地合组为"海峡殖民地"(Straits Settlements),统一划归英属印度殖民当局管辖,首府为槟城,华人通常将海峡殖民地称为"三州府"或"叻屿呷",其中"叻"意为"石叻"或"叻埠",系新加坡的简称,"屿"指槟榔屿,"呷"则指马六甲。

1832年,新加坡成为海峡殖民地的首府,但海峡殖民地仍隶属于英属印度殖民当局管辖。1867年4月1日,英国政府殖民地部正式接管海峡殖民地,并将其划入"皇冠殖民地"(Crown Colony,又译直辖殖民地、皇家殖民地),不再隶属英属印度殖民当局,而由位于伦敦的殖民地部直接管辖,总督驻守于新加坡。与此同时,印度洋上的圣诞岛和科科斯群岛也划归海峡殖民地管辖,海峡殖民地总督兼任英国驻马来半岛上一些国家和文莱这些英国保护国的高级专员。1874年1月20日,时任海峡殖民地总督安德鲁·克拉克(Andrew Clarke)与霹雳土邦苏丹以及当时的两大华人会党海山会和义兴会的领袖在英国军舰"冥王星号"上签订《邦咯条约》

（又称《1874年邦咯协定》），英国获准将位于马六甲海峡中部偏北的天定港（Dinding，今属马来西亚）及其附近岛屿也纳入其海峡殖民地。1906年10月30日，位于北婆罗洲沙巴地方的纳闽港（Labuan，今属马来西亚）也被划归海峡殖民地。1946年，英属海峡殖民地正式解散。

与此同时，柔佛王国虽早已名存实亡，但英国殖民当局仍在不断加强对其控制。1885年，英国与柔佛王国签订条约，拥立摩哈拉惹为柔佛王国新苏丹，英国承诺保护柔佛王国，协助其抵御外来侵略，柔佛王国则允许英国殖民者派遣代理官驻扎当地，代理官控制了柔佛王国的行政权。1914年，英国与柔佛王国修订1885年条约，将派驻柔佛王国的代理官改称驻扎官，英人被允许担任柔佛王国的高官，控制了该国的行政、司法和财政大权。于是，以新加坡开埠为始点，整个柔佛王国（领土涵盖今马来西亚和新加坡大部）最终完全沦为英国殖民地。

随着殖民统治的深入，新加坡港的吞吐量大增。1824年，出入新加坡港的商船仅有3 500吨，1865年已迅速升至153万吨，1930年更增至3 353万吨。18世纪60年代蒸汽船发展以及1869年苏伊士运河凿通后，新加坡成为航行于东亚和欧洲之间船只的重

叻币100元纸钞
（钞面正上方印有繁体汉字"叻屿呷国库银票"字样，1901年印制）

叻币 1 元硬币
（印有英王爱德华七世肖像和繁体汉字"壹元"字样，1904 年制）

要停泊港。18 世纪 70 年代前后，当地橡胶种植业发展起来，新加坡成为全球主要的橡胶出口及加工基地。1873—1913 年，当地贸易增长了 8 倍。转口贸易成为新加坡经济的主要特点，新加坡已超过马六甲城成为马六甲海峡首屈一指的世界港口。到 19 世纪中叶，在新加坡开设的英国大商行就有数十家，这些大商行还在新加坡开设炼锡厂和橡胶加工厂，将邻国的锡砂、橡胶等原料运来加工，然后输往欧美等地。1909 年，贯穿马来半岛的铁路正式通车，更便利了新加坡的出口加工业发展。殖民者经新加坡从东南亚获得大量财富，新加坡因此一度被称为"大英帝国的东方宝石"。英国的殖民统治造成新加坡经济的畸形发展，当时的新加坡除有一些加工工业外，工农业均不发达，粮食和重要工业品几乎全靠进口。

这一时期新加坡使用被华人称为"叻币"的新加坡殖民地货币。其实，所谓"叻币"是早期新加坡华人对"叻屿呷国库银票"的简称，英语为 Straits Dollar，即海峡殖民地货币，是新加坡所属英国海峡殖民地于 1899—1939 年发行并流通的货币。由于它的发行单位海峡殖民地政府又被华人称为叻屿呷政府，因而也被华人俗称作"叻币"。1940 年，英国殖民政府发行了新的货币马来亚元，原来的叻币就被取消了，但华人有时仍沿用"叻币"来指当地的货币。

1914年第一次世界大战前后，英国确立了英属马来亚的势力范围。英属马来亚(British Malaya)成为当时大英帝国广阔的殖民地之一，包含海峡殖民地(1826年成立)、马来联邦(1895年成立)及5个马来属邦(1904至1909年英国取得对其殖民宗主权)。第二次世界大战后，这些殖民地先后合组为"马来亚联邦"和"马来亚联合邦"，直至1957年马来亚联合邦获得独立。新加坡又于1965年从"马来亚联合邦"中独立。

英属马来亚的旗帜

六、华人主体社会的形成

新加坡是中国之外唯一以华人占多数的国家。人口是经济发展的关键因素。新加坡开埠后的经济发展离不开充足的劳动力。英国人明白，对于这个新兴殖民地而言，能真正依靠并带动当地经济发展的非华人莫属。事实上，华人能成为今天新加坡的主要族群并非偶然。

自古以来，中国的沿海省份就有"下南洋"的传统，尤其是在清末民生凋敝的背景下，许多中国人背负着家族的希望，纷纷前往新加坡闯世界。新加坡早期的贸易和作为商业中心的发展是建立在殖民地内庞大的华人社群的成长的基础上的。

新加坡华人主要来自广东、福建、海南等中国东南沿海省份说粤语、闽南语、客家话等的群体,其中约四成是闽南人,其次为潮汕人、广府人(以广州为中心)、客家人、海南人和福州人等。在一个混血家庭里,如果父亲是华人,其子女通常会被归类为华人。

1819年莱佛士开埠新加坡前,新加坡虽有辉煌的古代史,但当时已经大幅衰落为一个小小的渔村,人口据说只有150人,其中有30名华人。这30名华人据说是天猛公从荷属民丹岛招募来种植甘蜜、胡椒等的垦殖民。甘蜜是原生于廖内群岛的一种野生植物,含有单宁酸,常被原住民当作嚼槟榔的配料。

新加坡开埠后,周围廖内群岛、马来半岛、泰国南部甚至中国闽粤沿海的居民闻风而至,寻找新的发展机会。此外,新加坡的自由开垦制度,也吸引了众多华人移民到岛上来种植甘蜜、胡椒。这些华人先辈在俗称"山仔顶"(朱烈街)、"吻基"(驳船码头)、"十八溪墘"、"十八间后"(沙球捞路)、"猪仔场"(克拉码头)、"水仙门"(谐街)、"皇家山脚"(里峇峇利路)、"大老爷宫头"(指位于菲立街的粤海清庙)以及大坡二马路的"新巴刹"(马真街)等地开设胡椒、甘蜜等土产店。于是,这些地区既成为商业活动中心,也成了早年华人聚居的地方。当时的华人通称新加坡为"石叻"。

英国人在新加坡开埠后采取了积极鼓励华人、印度人前来发展经济的政策,并从中国各省市特别是南方的福建、广东、海南等地大量招工。经济的发展吸引了更多的移民到来。到1860年,新加坡人口已经增长到80 792人,其中华人占61.9%,印度人占16.1%,马来人占13.5%,其他人种(含欧洲人、阿拉伯人)占8.5%。可以说,新加坡从开埠伊始就形成了以华人为主的人口结构。以后,新加坡人口几乎每隔10—20年就跃升一个台阶。1871年,新加坡人口增长到9.7万人,1881年超过13万,1901年达到22万,1911年突破30万,1921年超过40万,1931年达到55万,1947年达到93万,20世纪50年代突破100万,70年代突破200万,90年代突破300万,2000年突破400万,2010年突破500万。

新加坡河是新加坡早期经济发展的动脉

按照 2009 年的统计，当地华人占 74.1%，马来人占 13.4%，印度裔占 9.2%，欧亚混血人口和其他族群（含华人与马来人的混血后裔峇峇娘惹）占 3.3%。可以看到，从 1860 年到 2010 年的 150 年间，华人始终占到 2/3 以上。

1821 年前后，新加坡的华人已从最初的几十人发展到 1 200 多人。各地的商船为新加坡贸易商带来丰厚的利润，他们将中国的丝绸、锦缎和茶叶运到新加坡，销售给欧洲的私营商人，然后将来自印度、欧洲的商品带回中国。新加坡河上的驳船码头和牛车水街区（中国城）成为东南亚商船贸易活动中心及世界贸易的集散地。到 1840 年，这里的华人已达约 17 000 人，占总人

1860—2010 年新加坡人口统计

年份	人口	±%
1860	80 792	—
1871	97 111	—
1881	137 755	+41.9%
1891	181 612	+31.8%
1901	227 592	+25.3%
1911	303 321	+33.3%
1921	418 358	+37.9%
1931	557 745	+33.3%
1947	938 144	+68.2%
1957	1 445 929	+54.1%
1970	2 074 507	+43.5%
1980	2 413 945	+16.4%
1990	3 047 132	+26.2%
2000	4 027 887	+32.2%
2010	5 076 732	+26.0%

资料来源：新加坡统计局。

2000—2010 年新加坡人口族别统计

种族	2000 年 人数	%	2010 年 人数	%
华人	2 513 847	76.8	2 793 980	74.1
马来人	455 207	13.9	503 863	13.4
印度人	257 866	7.9	348 119	9.2
菲律宾人	3 213	0.1	39 918	1.1
高加索人	10 987	0.3	25 308	0.7
欧亚混血	15 079	0.5	15 581	0.4
阿拉伯人	7 541	0.2	8 419	0.2
泰国人	2 931	0.1	5 650	0.1
日本人	2 492	0.1	4 941	0.1
其他	4 200	0.1	25 937	0.7
总计	3 273 363		3 771 716	

资料来源：新加坡统计局。

口35 389人的近半数,成为当地最大的族群。他们大多已经久居南洋或有南洋关系,对新加坡这样的岛屿并不陌生,移居新加坡的目的也主要是经商、垦殖和创业。

随着华人逐渐成为当地经济发展的主力军,华人的社会地位和影响力也日益提升,有些华人开始受到殖民当局和当地苏丹、天猛公的倚重,开始涉足政坛。从19世纪60年代至20世纪中期,许多华裔成功人士获殖民地政府重用,先后成为政坛重要人物。例如,许多华人相继出任华人参事局参事,还有一些华人为太平局绅。这些职衔虽然由殖民地政府委任,但都增强了这些华裔移民在新加坡社会的政治影响力。他们普遍精明干练、富有公共服务精神,推动了新加坡经济与社会的发展。为了纪念这些艰苦创业的先驱,新加坡今天还有一批以华人名字命名的街道和地区,如有进街、成宝路、金炎路、阿佛路、炳源街、振兴街、林大头路、余东璇街、义顺路等,它们的名称都来自各行各业做出突出贡献的华人。

1840到1941年的百年间,由于中国国内局势不稳、经济萎缩,而东南亚各地经济则亟待开发,于是来自中国的移民一波又一波地涌入,导致新加坡华人有增无减。

19世纪新加坡开埠后,大量中国移民漂洋过海来到新加坡,各个籍贯的宗乡会馆应运而生。它们将华人移民凝聚起来,向他们提供住所,解决就业问题,给他们家的温暖和精神力量,在新加坡发展早期发挥了重要作用。

会馆主要以地缘和血缘划分。地缘性会馆又称乡亲会馆,是按照地域来划分的,包括福建属、广属、海南属及三江属等类别。其中,广属会馆较为复杂,内部又以方言区分为粤语方言、客家方言、潮州方言及广客帮方言会馆。血缘性会馆又称宗亲会馆,按照姓氏划分,除单一姓氏会馆外,还有不少联宗(姓氏)会馆。此外,还有少数业缘性会馆,按照不同行业组织来分类。

这些团体除了给同乡、同宗、同业亲朋好友以生活上的援助外,还开设学校和医院,推动慈善福利,为社区发展做出了巨大贡献。此外,宗乡会馆还肩负着传承文化的使命,一些会馆也通过举办国际性的活动项目,促进新加坡与世界的交流和合作。如果没有早期会馆的设立,就不会有今天繁荣和谐的新加坡华人社会。会馆精神是新加坡社会发展的宝贵精神财富。

新加坡宗乡总会是新加坡华人宗乡会馆的最高领导机构,由福建会馆、潮州八邑会馆、广东会馆、南洋客属总会、海南会馆、三江会馆及福州会馆联合发起成立,主要宗旨是加强华人宗乡会馆之间的密切合作,主办或资助有关教育、文化、社会等方面的活动,提高公众对华人语言、文化和传统的认识。

新加坡福建会馆。1839年福建籍移民先驱陈笃生、薛佛记等人在直落亚逸街兴建奉祀天后和观音的天福宫,1840年天福宫建成,1860年成立初期的福建会馆附设于天福宫内。1915年福建会馆获华民政务司署批准为豁免注册的社团,时称"天福宫福建会馆"。1929年陈嘉庚先生当选为福建会馆负责人。第二次世界大战后,会馆于1947年复办前南侨师范为南侨女中,附设小学部。1937年会馆注册为非营利有限公司,定名为"新加坡福建会馆"。1953年5月会馆创立光华学校,1955年天福宫对面的福建会馆大厦落成。1956年3月由福建会馆创办的南洋大学开学。福建会馆是新加坡宗乡联合总会主要发起会馆之一。截至2017年12月,会员超过5 000名。这是后语。

其他主要宗乡会馆如新加坡潮州八邑会馆成立于1929年,由新加坡早期革命先驱人物林义顺创办,是潮州方言族群的地缘性会馆。"八邑"指旧时代曾属潮州府管辖的八县,即潮安、揭阳、澄海、潮阳、普宁、惠来、饶平和南澳。会员至今已达5 000多名,会馆致力于加强新加坡潮州籍人士之间的联系,积极推广潮州文化。

新加坡广东会馆成立于1937年,由广东省粤(广府)、潮、客及琼(海南)四大方言的社会名人发起成立,是跨方言的、祖籍广东人士的最高宗乡团体,凡祖籍广东的人士都可申请加入。会员分为团体、商号及个人三种。

新加坡南洋客属总会简称客总,于1929年8月23日创立,宗旨是推动客家乡亲参与新加坡社会转型和发展,以客家人的深厚文化积淀、坚韧不拔的精神,拓荒开埠、建立基业,融入新加坡的社会经济建设洪流中。客家人崇文重教,客总对文教工作也不遗余力。

新加坡海南会馆旧称琼州会馆,成立于1854年(一说1857年),是新加坡八个注册最久的社团之一。早在1826年以前,琼籍人士就由海南岛前来新加坡发展,但开始移民新加坡始自1850年。1854年韩旺彝、王志德等人倡议组建同乡会,此为琼州会馆的前身。随后在美芝律兴建馆宇,1880年、1962—1963年重建。自1933年琼联会成立,新加坡琼州会馆成为其成员,1973年脱离琼联会。1973年设立大学奖助学金,同时颁发高级中学和初级学院奖学金给琼籍子女。

新加坡三江会馆是华人地缘社团,"三江"指浙江、江西和江苏三省。三江会馆是三江人的总会,在本地具有一定影响力。1906年三江公所成立,1908年获准注册,联络九大公团,分别是宁波同乡会、温州会馆、江西会馆、上海公会、南洋湖北天门会馆、两湖会馆、南洋华北同乡会、上海西式女服同业会和星州华侨干洗公会。1927年三江公所改为三江会馆,同时会馆成员覆盖面扩大,凡长江、黄河、黑龙江三大流域诸省南来同乡均视为三江人,因此来自中国东北、华北、西北、西南和江浙的人士都可加入。

新加坡福州会馆创立于1909年。当时,南来的福州乡亲为感谢妈祖庇佑,便建起天后庙祭拜妈祖,福州会馆便在此基础上衍生发展而来。会馆曾于1925年创办三山学校,并响应福建会馆的号召共同创办南洋大学。

七、殖民地时期建筑

西方殖民统治对现代新加坡的塑造作用无疑是巨大且直接的,殖民文化最直观的体现就是殖民地时期的各式建筑。这些殖民时期的建筑体现了当时主流社会的文化、艺术观念。另外,从这些著名建筑的历史功能转变也可以一窥新加坡的殖民政策在政治、经济、教育等方面深刻改变了新加坡。随着英国殖民历史的远去,如今这些带有西方风格的建筑大多已不再承载政治功能,转而成为文化中心、博物馆和商业机构的办公地点,增添一分非功利色彩和文化审美情趣。

1827年,新加坡国会大厦建立,它是新加坡最古老的政府建筑之一,由乔治·科尔门设计,是殖民地时代新加坡"民主"的象征。据传大厦前的青铜大象是暹罗国国王拉玛五世朱拉隆功大帝1871年所赠。

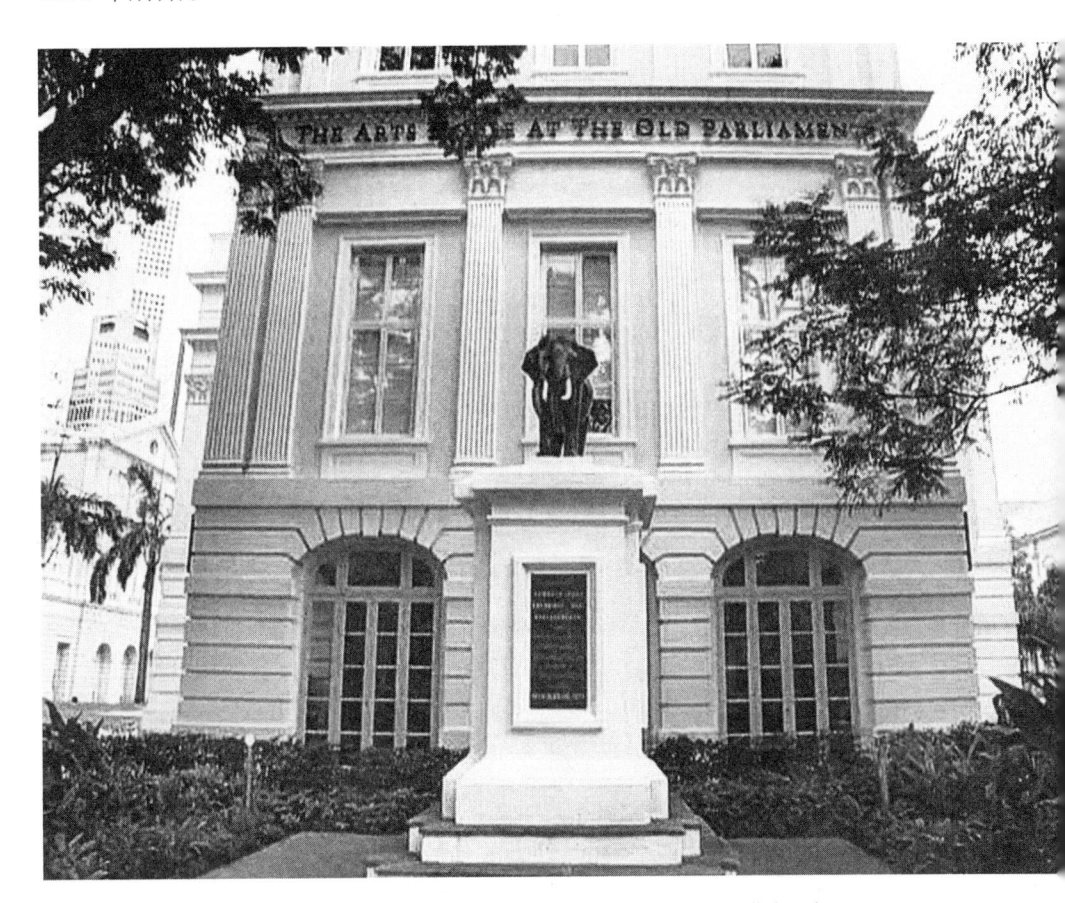

新加坡国会大厦(今为旧国会大厦艺术之家)

1887年,莱佛士酒店建立,它以浓郁的殖民时期建筑特色著称,由维多利亚风格的主楼、热带花园、博物馆和剧院等组成,历史上住过许多名人政要,至今仍是许多西方怀旧人士光临的地方。

有人说，莱佛士酒店之于新加坡历史的意义，就像和平饭店之于上海的意义，半岛酒店之于香港的意义。

新加坡莱佛士酒店主楼

1852 年，法国人创办了圣约瑟夫教会，1863 年教会建筑被扩建为新加坡首座天主教男子学校圣约瑟夫书院。其主体建筑建于 1867 年且保存完好，入口处的外立面石膏装饰图案、铜绿屋顶和地砖等原建筑的细节均得到妥善保存，今天，它已成为新加坡美术馆。

1887 年，莱佛士图书馆建立，它是殖民地时期建筑艺术的代表，也是今天新加坡历史最悠久的博物馆。它最引人注目的是古罗马风格的巨大穹顶和美轮美奂的拱形回廊，这使它当之无愧地成为新加坡的地标性古建筑之一。

第二章 殖民地记忆 71

圣约瑟夫教会遗址(今新加坡美术馆主体建筑)

莱佛士图书馆(今新加坡国家博物馆)

富丽堂皇的新加坡富勒顿酒店，也是殖民地时代留存下来的典型建筑之一。该酒店的最北部是1829年，浮尔顿堡垒始建，建造初期主要用它来防御来自海上的敌对攻击。1843年，原刻有13世纪文字的沙石质天然巨石"新加坡石"被发现并被移走后，堡垒随即进行了扩建。1874年开始，它被用作第一邮政总局办公场所和交易中心场地。1919年，为庆祝英国殖民新加坡百年，殖民地政府决定修建富勒顿大厦，由当时上海的凯司洋行负责设计，主体建筑为新古典主义风格，以灰色阿伯丁花岗岩建造，有槽形多立克柱廊。其带有皇家纹章的宏伟门廊设计出自意大利米兰雕塑家卡瓦列·鲁多夫·诺里之手。因缺少经费，该工程直到1924年2月才动工，到1928年6月竣工。大厦的名字来自英国海峡殖民地首任总督罗伯特·富勒顿。从建造初衷来看，它曾承载殖民地时期殖民者的荣耀和辉煌。

新加坡富勒顿酒店

1823年，莱佛士书院（Raffles Institution）建立。这座书院由

新加坡的开埠者莱佛士于1823年6月5日创办,是新加坡历史最悠久、最顶尖的学校之一,以培养了李光耀和吴作栋两任总理而著称于世。莱佛士书院原名新加坡书院(Singapore Institution),1868年为纪念莱佛士爵士而改现名,主要从事中学教育。书院分为三个部分:莱佛士书院(男校初中部)、莱佛士初级学院(男女混合两年制高中部)和莱佛士女子中学。三所学校共享教学资源并拥有共同的校歌、校徽和校训。莱佛士书院具有美国常春藤名校的直通车待遇,是牛津大学、剑桥大学录取率最高的中学之一。学校的校友都自豪地称自己为"莱佛士人"(Rafflesian),体现了英国殖民体系高度重视基础教育和从小进行精英教育的理念,这或许也是百年前英国殖民体系能够在全球遍地开花的内在原因之一。今天,莱佛士书院留存的古建筑虽不多,但其中建于1923年的图书馆颇值得一提,它是新加坡历史最悠久的图书馆,馆内所有陈设依然保持1923年建成时的原貌。

建于1923年的莱佛士书院图书馆

除了西式建筑,如前所述,新加坡殖民地时期还形成了"唐人街"牛车水比比皆是的店屋。这些二三层的小楼在街道两侧整齐排列,被涂成多种颜色,至今也有 200 多年的历史了。

另外,没落的柔佛王国苏丹虽向殖民者交出了政权,但根据协议,苏丹王室也得到在海峡殖民地首府新加坡定居的权利,并在 1840 年修建了苏丹皇宫——甘榜格南宫,如今这里已辟为马来历史文化博物馆。

八、殖民地时期的华文文学

新加坡多数居民是华人,中国白话文运动自然对新加坡影响深广。1919 年中国爆发五四运动后,新加坡的华文报章就陆续刊登用白话文写作的华文作品。从 1924 年开始,新加坡华文报刊相继增辟文艺副刊,如《小说世界》《南风》《星光》等,刊登反封建和反殖民主义的现实主义文学作品,形成 20 世纪 20 年代华文文学运动的潮流。1925 年,李西浪所著长篇小说《蛮花惨果》,描写作为"猪仔"的华工在婆罗洲(今加里曼丹岛)被奴役的非人生活,引发读者强烈共鸣。1927 年,张金燕在《荒岛》上发表多部短篇小说,描写新加坡华人妇女在殖民地的不幸命运。这一时期比较重要的小说还有邱志伟的《长恨的玉钗》(1924 年)、拓哥的《赤道上的呐喊》和曾华丁的《五兄弟墓》(1928 年)等。

1929 年陈炼青首次提倡文学作品应有新加坡地方色彩,1934 年丘士珍发表论文《地方作家谈》,进一步强调应鼓励新加坡乡土作家创作。他的作品《峇峇与娘惹》(1934 年)是华文文学史上的第一部带本乡本土色彩的中篇小说。在华人戏剧方面,1933 年新加坡首次上演了具有地方色彩的独幕剧《芳娘》《一侍女》《绿林中》和《兄妹之爱》。

九、殖民地时期新加坡华人对当时中国革命工作的支持

殖民地时期,新加坡曾是中国同盟会南洋支部的活动中心,曾是中国反帝反封建革命的重要海外基地,发挥着联络南洋侨胞、宣传革命、募集资金和筹划起义等重要作用。按照新加坡著名学者柯木林先生之说,孙中山先生从1905年起曾先后8次访问新加坡。

孙中山先生8次到新加坡,其中数次下榻晚晴园,与黄兴等人商谈国是。晚晴园是坐落在今天新加坡大人路12号的一座古朴的二层小楼,是孙中山先生早年活动的地点。其前身是"明珍庐",原是广东籍梅姓华商的住所。20世纪初,潮州华商张永福为供养母亲而购得此楼,遂取唐朝诗人李商隐名句"天意怜幽草,人间重晚晴"之意,命名为"晚晴园"。主楼呈凸字形,坐东偏南,为古典殖民地别墅,采用了当时欧洲流行的帕拉第奥风格并混杂有中国和马来风格,走廊宽阔、园地宽大、地辟人静,是早年新加坡富商常用的住宅样式。

新加坡晚晴园

按照新加坡史学界的说法,孙中山先生8次访问新加坡的时间大致是:第一次为1900年7月9日至12日,前后停留4天;第二次为1905年7月初,只停留1天,夜宿轮船上;第三次为1906年2月16日,在晚晴园居住2星期;第四次为1906年7月,停留一个半月,仍住晚晴园;第五次为1907年3月底,停留数日,住在乌节路(Orchard Road)一间屋子里;第六次为1908年3月至1909年5月,在新加坡前后居住达10个半月,先住晚晴园,其间曾北上槟城(今属马来西亚)、曼谷(今泰国首都)等地活动,1908年12月后搬离晚晴园,改住客纳街(Club Street)85号和丝丝街(Cecil Street)77号的两处旅店;第七次为1910年7月11日,停留1星期,住丝丝街77号旅店;第八次为1911年12月15日,只停留1天,下榻秉德路(Pender Road)16号的陈武烈大厦。

由于新加坡不仅在地理位置上是东南亚地区的中心,也是东南亚地区华人人数最集中、资金最充裕的地方,作为反清革命运动的总领袖,孙中山期望南洋华人能够在经济上对中国的反帝反封建革命事业提供帮助。然而,当他第一次抵达新加坡后,很快就被英国殖民地当局发觉并驱逐,且禁止其5年内再次入境。

1904年新加坡第一份革命性报纸《图南日报》创刊,新加坡再次引起其关注。当时,《图南日报》的创办人张永福与陈楚楠为庆祝1905年新年,特地刊印日历,上有"忍令上国衣冠沦于涂炭,相率中原豪杰还我山河"题词,并配上"自由钟""独立旗"插图,旗上印有"同胞国民万岁万岁万岁"字样。这份

1905年新加坡《图南日报》刊行的日历

日历流传至美国檀香山后被孙中山偶然看到,孙中山对其革命立场十分赞赏,亲自寄20美元购买20张,并专函致新加坡的革命志士尤列,询问《图南日报》详情,十分关心新加坡华人革命运动的情况。1905年7月初,孙中山先生从欧洲乘轮船赴日本途中经过新加坡暂时停靠,新加坡革命志士陈楚楠、张永福、林义顺三人在尤列的引荐下,上船会见孙中山先生。这次会见奠定了日后同盟会在新加坡设立分会的基础。张永福等人见到孙中山后,为孙先生的风范所折服,于是决定将晚晴园借出,作为新加坡革命活动的总部。

孙中山(中)、张永福(左)、陈楚楠(右)20世纪初在晚晴园合影

孙中山先生第一次下榻晚晴园是在1906年2月。当时,中国同盟会已于数月前(1905年8月)在东京成立。孙中山先生在晚晴园入住三四天后,即召集成立同盟会新加坡分会,东南亚华人社会有革命党的正式组织,即从晚晴园开始。当时,同盟会新加坡分会的盟书就由孙中山先生与李竹痴等在晚晴园楼上议定。李竹痴常年在槟城和仰光两地经商,能说多种方言,因此由陈楚楠介绍,

作为孙中山在南洋各地活动的向导。据考证,第一次在晚晴园加入同盟会的,只有陈楚楠、张永福、李竹痴三人。张永福先生在他的回忆录《南洋与创立民国》一书中回忆,"我还记得很清楚,孙先生……他自己先行起立,举起右手,以最庄严的态度,在我们的面前宣誓……看着他宣读誓书毕,就是李竹痴及永福、楚楠均照孙先生仪式轮流做去"。据说,当宣誓礼将毕之时,约在晚上九时半,晚晴园外忽然狂风大作,随而飞入乌鸦百余只,在大厅中乱飞乱叫,壁上挂屏字画、厅中所悬灯盏均被乌鸦冲撞震动,约半小时之久。当时,孙中山先生向他们解释说,外面因起巨风,乌鸦入屋避难,不能视为祥瑞或异怪之兆。孙中山先生不愧为革命先驱者,其信念之坚定若此。

按照孙中山先生的安排,新加坡同盟分会以陈楚楠为会长、张永福为副会长。同时,孙中山还传授他们"握手符号及会话秘诀",进行悉心指导。翌日入会的又有林义顺一人,几天后陆续增加李晓生、林受之等6人。张永福先生回忆称,"孙先生命我们开一个大会并拍照纪念。先生取了许多张相片,乃搭船往西贡一行"。这次孙中山先生前后在晚晴园住了两个星期。

此后三年,晚晴园不仅成为新加坡革命志士聚会的场所,也成为整个东南亚地区华人革命党的总机关所在地。孙中山、黄兴等近代风云人物都曾在这里商谈国是,为推翻数千年的中国封建专制而呕心沥血,甚至中国近代史上许多著名的战役,如黄冈起义(1907年5月)、镇南关起义(1907年12月)、河口起义(1908年4月)等,都是在晚晴园谋划的。张永福先生以晚晴园招待中山先生,"并无收一文的屋租",甚至孙中山先生在新加坡期间的一切开销均由陈楚楠和张永福二人分担。

1906年7月,孙中山先生从日本抵达新加坡,由林义顺到码头迎接。上岸后,一行人等先到张永福的新长美布庄座谈,然后乘马车到晚晴园安宿。张永福当时以电话通知同盟会志士,关照他们到晚晴园会见。这就是孙中山先生第二次下榻晚晴园。此次孙中山先生来新加坡,很快被当地殖民政府知悉,乃"请"孙中山先生到华民政务司处会谈。殖民地政府还派了华籍便衣暗探10多人,日夜轮流在晚晴园四处梭巡,名为"保护",实则监视。不过,负责监视晚晴园的巡长后来却被同盟会争取过来,做了革命党人的内应。

这次孙中山在晚晴园住了一个半月,至1906年8月底方离去。他在旅新期间的最大收获就是制定了同盟会章程,巩固了革命组织,并将之扩展至马来半岛。1906年8月后,芙蓉、吉隆坡、怡保、槟城等地华人社会相继成立同盟会分会。

1908年3月,镇南关起义失败后,孙中山、黄兴等人先后回到新加坡,仍旧住在晚晴园。对孙中山而言,这是他的第六次抵新,也是最后一次下榻晚晴园。张永福先生回忆称,"晚晴园这回人数增多……自然不免有人满之虑,但统是一家人,地方虽浅狭些,三二人共一床,亦算将就过去,孙先生便将镇南关……俘获清军所穿的前后补心的军衣三四件,带来展开与同志们观看"。这次孙中山先生来新加坡,革命形势已大有不同,同盟分会自1906年2月在晚晴园成立以来已有两载,六次在华南起义均未成功。会员们历年出钱出力颇感疲累,渐对革命失去耐心。再加上清政府驻新加坡领事不时要求英国海峡殖民地政府抓捕革命志士,致使革命活动陷入低谷。这也是孙中山先生革命生涯最低潮的时期之一。

在此期间,孙中山先生在晚晴园住了三个月,清楚地看到同盟会会员对革命的态度变化,于是改组组织,在1908年7月成立了南洋支部,想借此唤起当地革命志士的热情,但结果却使他有点失望。不久,他前往槟城发展组织,在当地居住了一个半月后返抵新加坡。1908年10月28日,他再度北上,在芙蓉、吉隆坡、怡保、槟城辗转十天,主要目的是筹措起义经费,但依然有些失望,遂于11月9日回新。11月20日他前往曼谷筹款,成效有限。此后五个月,他虽仍居留新加坡,但却不住晚晴园,改往两处旅店入住,一为客纳街85号,一为丝丝街77号。1909年5月19日,孙中山先生离开新加坡赴欧,结束了这次为期最长也最令他心情凝重的新加坡之行。

孙中山先生搬离晚晴园极有可能与当时革命组织经费捉襟见肘有关。1909年初,南洋支部迁往槟城,以求获得新的革命力量支持。从此,晚晴园和新加坡在中国反帝反殖民革命运动中所扮演的角色退居次要,槟城成为同盟会在东南亚的革命基地。因此,1911年的广州黄花岗起义是在槟城策划的。

孙中山先生在新加坡,除以晚晴园为主要反清革命基地外,也用陈楚楠的板厂(美芝路327号)和张永福的新长美布庄(美芝路105号)为联络地。

孙中山先生虽多次来新,但他对自己的身份及行踪却保持高度的警觉。他第一次来新是用假名,所以当地很少有人知道他的真实身份。1906年8月离开新加坡时,他留下的化名叫高野,以后通信就多用高野这一名称,孙文、孙逸仙等名字亦少使用。为了保密,当时闽潮革命志士通信暗号以"武公"代孙文二字。

既要宣传革命思想,又要保密,似乎矛盾,其实不然。据当地人回忆,孙中山先生在新加坡期间领导革命所用的主要方法"是经由个人的接触,而不采用公开的群众煽动方式"。他根据当地的实际情况,采取了鼓励华人富商慷慨解囊支持武装起义的筹措经费方式,表明他非常善于审时度势。但问题是,如果这些华商答应过又反悔,则原来的计划将因此而落空。河口起义的失败,部分原因也在于此。另一方面,这种保密的策略也导致孙中山的社会接触面存在局限性。辛亥革命未能在新加坡引起热烈响应与广泛的民众支持,原因亦在此。

尽管如此,孙中山先生在新加坡期间宣传革命的努力,对当地的华人社会还是产生了一定影响。当时的华人社会分成"亲英"与"亲华"两大社群,而孙中山先生则将"亲华"的社群"再分化"为"革命派"与"保皇派"两大阵营。21世纪初,新加坡华人社会出现了代表保皇派的《总汇报》与代表共和派的《中兴日报》大论战。另一方面,新加坡革命党林义顺等人将革命宣传品带到闽南潮梅各处分发,也推动了华南地区反帝反殖民革命运动的发展。

由于孙中山先生鼓励读书看报,因此宣传革命党理论的书报社如"同德书报社"(潮帮)、"开明书报社"(粤帮)及"同文书报社"(琼帮)等,如雨后春笋般相继成立,从而提高了华人的革命意识,为20世纪30年代掀起的轰轰烈烈的新马华人援华抗日救国运动奠定了思想基础。因此,新加坡华人对中国革命活动的支持和影响可谓深远。

辛亥革命成功后,晚晴园人去楼空,便沉寂下来。又因屋主张永福致力于革命,无暇顾及本身事业,几致破产,于是最终将晚晴园卖给了印度商人。而印商也不常住此处,致使晚晴园一度凄凉冷落。1937年,李光前、李俊承、李振殿、陈延谦、杨吉兆、周献瑞等旅居新加坡的华商合资购下晚晴园,将其重修后开放供公众参观。

1937年,李光前、李俊承、李振殿、陈延谦、杨吉兆、周献瑞6位新加坡侨领合力购回晚晴园

不久日本法西斯发动太平洋战争，新加坡沦陷，晚晴园被日军征作通信营驻地，第二次世界大战结束后一度重修。

从同盟会新加坡分会成立前后到辛亥革命成功，这些新加坡华人精英做出了巨大贡献，值得被铭记。

尤列(1866—1936)，祖籍中国广东顺德。自幼博闻强记，在学堂读书时就有强烈的反清革命意识，绝意科举仕途。22岁入广州算学馆，结识孙中山、郑士良，毕业后任广东沙田局丈算总目、广东舆图局测绘生、香港华民政务司署书记。后来，与孙中山、陈少白、杨鹤龄为友，抨击清政府，畅谈革命，被清政府称为"四大寇"。他参加了广州起义，失败后赴越南西贡继续开展革命活动。1901年，尤列受孙中山委托前往新加坡设立名为"中和堂"的革命组织，宣传"驱逐鞑虏、恢复中华、创立联合政府"等理念，吸收华侨华人参加革命，后加入中国同盟会。尤列曾任新加坡《图南日报》名誉总编。辛亥革命成功、袁世凯篡权后尤列曾想北上组织讨伐，但因南北议和，只好作罢。二次革命时他东渡日本，闭户著书，后居香港设皇党书院讲学。1921年任孙中山总统府顾问。1936年病逝于南京。

陈楚楠(1884—1971)，原名陈连才、陈连材，别号思明洲之少年，出生于新加坡，祖籍中国福建厦门，南洋华侨。早年与兄长合营橡胶产业并成为新加坡乃至整个马来半岛橡胶种植业大亨。1898年，清末资产阶级维新派发起维新运动，陈楚楠作为爱国青年，起先支持维新派的保皇运动，后通过阅读《苏报》《革命军》《黄帝魂》等革命报刊，逐渐放弃保皇立场，转而追随孙中山先生投身反清革命事业。他常以"思明洲之少年"笔名在新加坡《天南新报》及香港《中国日报》上发表文章，抨击清政府，抒发愤慨之情，还在尤列的支持下，与志同道合的友人张永福、林义顺等建立了"小桃源俱乐部",商议如何建立"民主共和之中国"。

1903年夏,上海发生"苏报案",陈楚楠与张永福等人以"小桃源俱乐部"名义致电英国驻沪领事,请援保护国事犯条例,勿将章炳麟、邹容引渡给清廷,以重人权。不久,陈楚楠等人又集资翻印邹容的《革命军》5 000册,改名《图存篇》,由黄乃裳携带回国,到粤东、福建一带散发。1904年初,陈楚楠与张永福合资创办《图南日报》,陈楚楠任报社经理,陈诗仲为主编,聘请革命党人尤列为名誉总编。尤列在发刊辞中宣传反清革命,该报成为南洋华侨最早的革命喉舌。孙中山先生对此大为赞赏,表示愿与陈楚楠等人会面。同年6月,孙中山先生由欧洲取道新加坡赴日,致电尤列,约《图南日报》负责人相见。轮船停泊新加坡时,尤列便引见了陈楚楠、张永福、林义顺等人。经陈楚楠等人到警厅担保,孙中山先生得以上岸到小桃源俱乐部聚会,商谈组织革命团体事宜。

《图南日报》出版不到两年即因经费问题而停刊。两个月后,陈楚楠再度联合张永福合股创办《南洋总汇报》,但由于招股时审查不严,致使报社股东内部产生矛盾。在拆股时,陈楚楠失去继承权,《南洋总汇报》沦为保皇党的机关报。1907年7月12日,陈楚楠与张永福、林义顺等人重新筹办《中兴日报》,由田桐、王斧任编辑。不久,与保皇党控制的《南洋总汇报》展开革命与君主立宪大论战。1908年3月后,《中兴日报》发行量猛增4 000多份,同盟会的革命主张在华侨中广泛传播。

1907—1908年,同盟会在广东、广西和云南三省多次发动武装起义,陈楚楠均积极筹款相助。黄冈起义首领余既成败退香港九龙后,被清吏诬告入狱。陈楚楠等筹集诉讼费几百元,在新加坡聘请大律师兜安氏前往辩护,后获胜出狱。河口起义失败后,义军将士韦公卿等900多人被越南政府遣送出境,新加坡政府不准他们登岸,后由陈楚楠等出面担保,才得以入境。陈楚楠还在新加坡开设"中兴石山"(采石场)予以安置革命志士,另有不少人被介绍到槟榔屿、吉隆坡等地的工厂、农场和矿山就业。1910年,陈楚楠联合同盟会会员创立同德书报社,宣传革命思想。次年辛亥革命成功后,陈楚楠以新加坡同盟会老会长身份,与福建会馆共同召开大会,成立以陈嘉庚为会长的福建保安会,在1个月内募得新加坡币20多万元,汇回家乡福建,帮助安定局势。

1912年3月,上海成立华侨联合会,副会长吴世荣欲赴南洋组织华侨公会,遂推举陈楚楠为代理副会长,主持日常工作。陈楚楠上任后,开设华侨公寓,代办华侨事务,并在《国民新闻》辟专栏报道海外华侨动态,增进国内民众对海外侨胞的了解。

陈楚楠一直不忘孙中山先生提出的振兴女子教育一事,1917年同张永福、庄希泉等人发起创办"新加坡公立南洋女子中学",即今天的"新加坡南洋女子中学校",并担任第一任董事会主席,同年到广州谒见孙中山,受聘为军政府参议。

1921年起陈楚楠在福建任职,除担任省政府委员外,一度兼任实业厅长,计划创办银行,开发矿产和水产资源。但因当时日本法西斯将福建划为势力范围,处处加以阻挠,加之军阀混战、政局动荡,无法施展抱负,遂于1933年返回新加坡,不再参与政治活动。1971年9月21日,陈楚楠在新加坡逝世。

张永福(1872—1957),字祝华,生于新加坡,祖籍中国广东饶平,南洋华侨。起先支持戊戌变法,后支持孙中山革命,先后出任新加坡同盟会副会长、会长,在南洋创办《图南日报》《中兴日报》宣扬革命,曾提供名下的晚晴园作为同盟会在东南亚的基地。辛亥革命后,曾任中华革命党支部长、大元帅大本营咨议、中央银行汕头分行行长等职。不过他在第二次世界大战期间一度出任汪伪政权的伪职,战后被追责,1948年获释回到新加坡,不久移居香港,1957年在香港去世。

林义顺(1879—1936),字蔚和,又名咎顺、其华、发初,祖籍广东澄海县歧山镇马西村(今汕头市郊)。林义顺是新加坡的橡胶大亨和黄梨大王,是张永福的外甥。4岁丧母,8岁丧父,由峇峇娘惹外祖母张太夫人(陈宝娘)抚养长大,因此有个颇具峇峇娘惹色彩的名字"峇顺",今天新加坡的峇顺芭路(Bah Soon Pah Rd.)就是以他的名字命名的。1904年,林义顺出资5万元与陈楚南、张永福创办《图南日报》。同盟会新加坡分会成立时,陈楚南任会长,林义顺等都是理事。1907年秋,新加坡同盟会分会创办《中兴日报》,林义顺任经理。1928年9月9日,林义顺创立新加坡潮州八邑会馆。林义顺还与陈嘉庚创办了新加坡第一所华文中学华侨中学。1936年逝世。

作者点评

在殖民地时期,新加坡依靠华人、马来人、印度人劳工的血汗一步步从寂寂无名的小港口迅速发展成为世界著名的国际自由港和东西方文化交汇中心。这段历史反映了柔佛王国的苦涩和殖民者的巧取豪夺。今天,殖民主义早已成为历史,无论是葡萄牙还是荷兰殖民者,抑或"大英帝国",他们所倾力打造的帝国辉煌早已不复存在。

早在1819年英国在此开埠前,新加坡就已受马来文化、中华文化、印度文化和阿拉伯文化等影响,且具有辉煌的古代史。英国人的到来在一定程度上塑造了近现代的新加坡。

殖民地时期的新加坡除带有西方的烙印外,也见证了华人群体的迅速崛起和中华文明的影响。这不仅体现在它逐渐形成了以华人为主的社会经济结构,还表现在中华文化、儒家思想对它的影响上。华人崇尚勤俭的社会风气和务实高效的办事作风无疑为新加坡的成功奠定了基础。在英属殖民地时期,中华文明虽不像西方文明那样强势,但它始终存在于新加坡华人族群中,影响着整个社会的氛围。

殖民地时期新加坡华人对中国革命的支持,不仅体现了华人的宗乡观念,也体现了他们的革命意识,为20世纪30年代轰轰烈烈的新马华人援华抗日救国运动奠定了基础。

第三章

日据狂潮

一、日本法西斯入侵马来半岛

20世纪20—40年代,随着日本法西斯扩张的加快,英国似乎已预感到战争的到来。1921年,英国在新加坡修建了海军基地,之后又补建了空军基地。进入30年代,随着日本侵占中国东北、发动全面侵华战争以及第二次世界大战的爆发,世界和地区和平被打破,新加坡这个看似平静的小岛也面临着空前的惊涛骇浪。

当时的日本虽然四处扩张、不可一世,但资源匮乏、后劲不足,如不掠夺东南亚各国资源,实无法支撑其继续对外扩张。而新加坡作为当时英国在东南亚的政治经济中心和海峡殖民地首府,对日军来说无疑有着巨大的吸引力。拿下新加坡,不仅可以彻底将英国势力赶出东南亚、控制战略要冲,也可以获得马来半岛珍贵的橡胶、锡矿等战略资源。为了攻下新加坡,日本法西斯集全国之力做了精心而周密的准备,日军南下只是时间问题。

1941年12月7日,日本攻击了珍珠港,太平洋战争爆发。珍珠港事件次日,日军开始入侵马来半岛(史称"马来亚战役"),首先在马来半岛北端暹罗的北大年府登陆并击退驻守该地的暹罗宪兵,向西南越过马来—暹罗边境进攻马来半岛西部地区。12月11

日,另一支日军在马来亚北部哥打峇鲁登陆,与日军在暹罗北大年府及宋卡港所实施的登陆行动相配合。

在此期间,英国皇家海军派来航空母舰"不屈号"、战列舰"威尔士亲王号""却敌号"及4艘驱逐舰,该舰队在战争爆发前已到达马来半岛东海岸附近海域并由海军上将汤姆·菲利普斯指挥,目的是拦截准备登陆哥打峇鲁的日军。英国人对大名鼎鼎的"威尔士亲王号"寄予厚望。这艘战列舰排水量达4万吨,是英军最强的5艘军舰之一。而且就在3个月前,它刚刚击沉了号称纳粹德国最强战舰的"俾斯麦号"。曾担任过海军大臣的首相丘吉尔还派了英国海军的明日之星海军名将菲利普斯上将任这支舰队的司令。

然而,航空母舰"不屈号"在途中搁浅,不得不返航。1941年12月10日上午11点56分,日本空军第22航空队派出的59架"九六"式陆攻机和26架"一"式陆攻机携带大量鱼雷和500千克重型航空炸弹,扑向失去了空中掩护的英国远东舰队。疯狂的日军轰炸机在马来亚彭亨、关丹外海一举将包括皇家海军"威尔士亲王号"和"却敌号"战列舰在内的英军主力战舰击沉,英属马来半岛东海岸随之门户大开。经此役,英国皇家海军远东舰队再无力对抗日军登陆行动。

日军击败英军舰队后,随即下令由陆军中将山下奉文率领的日本陆军第25集团军对马来亚展开全面进攻。该集团军下辖第5师团、第18师团和第2近卫师团(1943年正式公布的编号)共3个师团,总人数达到7万多人,是日军当时最强悍也最疯狂的部队。

随后,日军利用即将报废的老旧轻型坦克快速突破驻守在丛林地区的英军伞兵坑防线,而当时驻守在马来半岛上的英军连一辆坦克都未装备,英军参谋认为坦克不适合在丛林地带作战,故英军在马来半岛未配备坦克。当时驻守马来半岛的英军9万余人持续败退,最后不得已只能撤退至新加坡,在撤退途中又被日军分割包围,导致5万英澳联军被歼灭或俘虏。撤退到新加坡时,英军顺势将连接新加坡与对岸的柔佛长堤炸毁以隔绝两地。1942年1月31日,战争开始仅55天,日军就占领了除新加坡岛以外的整个马来半岛。

驻守马来亚的英军向日军投降

二、狮城沦陷

马来半岛被日军占领后,新加坡成为咫尺之遥的孤岛。面对日军即将到来的大规模入侵,新加坡华人积极展开抗日救亡运动。一些华人组织的"华侨抗日义勇军",吸收了部分工人、学生,总数达到数千人,奔赴在抗日一线。新加坡华侨各界也已成立"新加坡华侨抗敌后援会",对"华侨抗日义勇军"的抗日行动进行资助。

1942年2月初,日军终于发动了对新加坡的总攻。英军总司令部白思华中将(Lt. Gen. Arthur Ernest Percival)随后宣布新加坡攻防战开始并决定防守前线,驻新加坡英军开始与日军交战。与此同时,千余名"华侨抗日义勇军"队员在"保卫星洲"的口号下,由马来亚共产党员林江石率领,开往前线协助英军作战。当时的英军宣布新加坡"华侨抗日义勇军"为隶属于马来半岛英军司令部的"星华义勇军"(Dalforce),宣布待遇与不列颠印度军队及英属澳洲军队"一律平等"。

1942年2月1日,日军指挥官山下奉文采用声东击西战术,先派一部在新加坡岛东北部和近乌敏岛一带水域成功吸引驻守该地的英军注意力,然后在新加坡岛西北部趁机用充气皮艇渡过新加坡本岛与马来半岛之间的柔佛海峡,在莎琳汶、克兰芝、林厝港和裕廊等地海滩登陆。其间,日军受到"星华义勇军"和盟军联手抵抗。

2月13日,日军第18师团以猛烈的火力进攻鸦片山(巴西班让),鸦片山战役打响,这是日军进攻新加坡期间最激烈的一次战斗。由于日军第一次攻击失败,死亡400人,因此决定乔装成英属印度兵再次实施攻击。但日军的诡计被坚守在鸦片山上仅余42人的第一马来军团阿南·宾·赛义德·迪上士识破,随后对日军展开攻击。最终,马来军团因寡不敌众,全部壮烈牺牲,阿南上士不幸被俘。日军为了泄愤,将阿南四肢砍掉,并将他用麻袋装起来倒挂在树上,用刺刀刺了几十刀。阿南壮烈牺牲,年仅27岁。

阿南上士遗像

与此同时,"星华义勇军"也在新加坡的裕廊前线、巴西班让沿海防线、武吉知马沿海海岸等地与日军展开了激战。"星华义勇军"原为新加坡华人自发成立的"华侨抗日义勇军",成立年份不详,至少在1939年就已存在,1941年12月25日被英国驻马来亚秘密警察部队的约翰·达利中校收编到英属海峡殖民地志愿军之中。由于将领姓氏为达利,于是英殖民地政府也称"星华义勇军"为"达军"。并且,因为他们在战斗中表现勇猛,英国人还给他们取了一个"达利的亡命之徒"(Dalley's Desperadoes)的外号。

新加坡"星华义勇军"成员曾获得过的勋章

"星华义勇军"虽号称与殖民地军队待遇一样,但并没有配发英联邦军队军服,而是穿着自己的制服并在头上绑有头巾。多数人持恩菲尔德步枪、刺刀与一些子弹,通常每人仅有数发至20多发不等的子弹,只有少部分人有手榴弹和布伦轻机枪,其他人只能持打猎用的器具如猎枪与巴冷刀(马来半岛特殊的开山刀)。一名负责军训的名叫弗兰克·布鲁沃尔(Frank Brewer)的英军军官曾在回忆录中写道:英军不够步枪发给这些队伍中的每一个人。其中一个中队有多达三种不同的猎枪,这使他们要在短时间内学会如何使用这些东西越发困难。

"星华义勇军"在莎琳汶海滩、武吉知马、兀兰与克兰芝抗敌。主要任务是巡视敌人可能的登陆点红树林沼泽地。他们作战勇敢,坚决杀敌,但也承受了巨大的牺牲,涌现出了许多可歌可泣的事迹,其中"17条半碑19烈士"就是其中的代表之一。当时,星华义勇军一部在17条半碑遭敌包围,战士们坚决与敌作殊死战斗,激战一个多小时,除排长幸存外,其余冯松经、莫奉恋、冯廷坤、何琼等19人壮烈战死于星洲曦光社后面的高地。

但英军以防卫英国本土免遭法西斯德国侵略为由,除1月下旬曾派遣少量从马来半岛退守的援军到新加坡外,并未向驻新英军提供实质军事援助,造成防守新加坡的军力单薄;再加上指挥、训练、装备和士气等问题,新加坡英军节节败退。

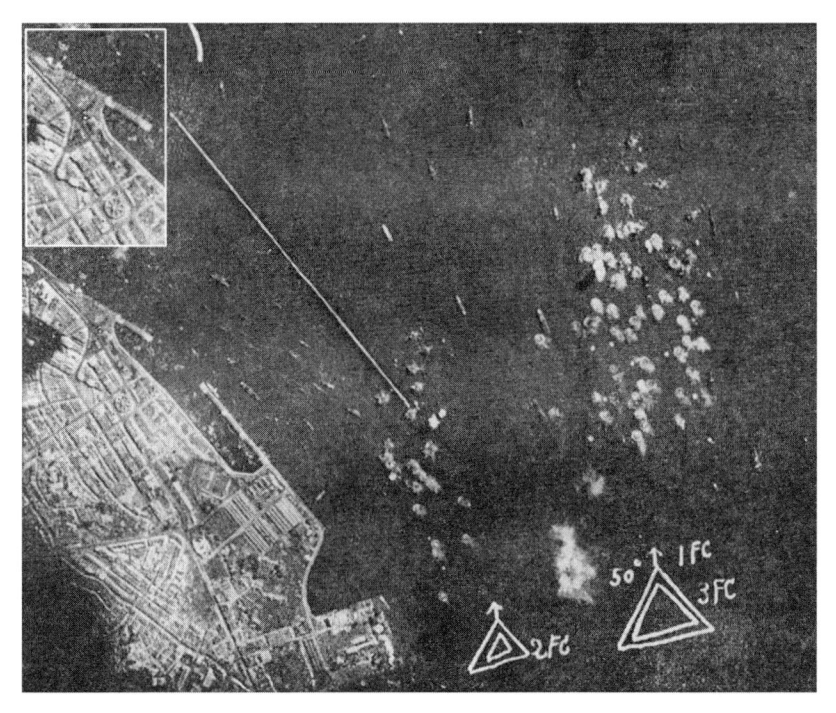

日军战机轰炸新加坡红灯码头逃难船只时的现场航拍照

在此形势下,英军总司令部决定投降。而由于此时"星华义勇军"仍在继续抗日,英军总司令部竟于2月13日下令解散"星华义勇军"。尽管如此,"星华义勇军"大部仍战至15日英军投降前的最后一分钟。甚至在新加坡沦陷后,仍有战士坚持在敌后工作,继续为抗日而战斗,并因此遭敌捕杀。

1942年2月15日农历新年当天,白思华中将向山下奉文投降,并在新加坡武吉知马福特汽车厂签署无条件投降书,正式将新加坡的主权交给日本,约13万英国、澳大利亚和印度士兵被7万日军击败,当中一些战俘随后被日军遣送至缅甸、日本、朝鲜和伪满洲国修建铁路。

攻下新加坡后,日本旋即将之改名为"昭南岛"。1942年2月18日的《东京日日新闻》晚报在封面头条刊登一则报道称,2月17日正午日本大本营(战时日本陆海两军最高统帅机关)发布通告,宣布将新加坡岛改称昭南岛。时任日本首相东条英机为改名给出了堂皇的理由:"新加坡是英国多年的领土,而且是东亚祸乱的基地,大日本帝国不但必须彻底把这个祸根去除,还必须把它变成大东亚防卫的据点。"所谓"昭南"或指"昭示光芒普照南洋",但新加坡历史研究者林少彬先生认为将其解释为"昭和天皇治理南方大东亚共荣圈的理想"似更准确。在行政上,新加坡成为日本法西斯帝国的一个"特别市"。因此,新加坡的日治时期也被日本方面称为"昭南时代",并由大达茂雄任第一任特别市市长,内藤宽一为第二任也是最后一任市长。

可有谁知道,就在新加坡被迫改名的同一天,日军以"大检证"为名,开始在新加坡实施一场有组织、有预谋的血腥大屠杀!

三、血腥大屠杀

随着1942年2月15日英军投降,新加坡沦陷。马来—新加坡战役以日军的完全胜利结束。新加坡的沦陷是对大英帝国殖民体系的一次沉重打击,当时的英国首相丘吉尔战后回忆称,整个第二次世界大战期间,新加坡失守是他最感痛心也是情绪最低落的时刻。这个号称"永不会陷落的远东堡垒"的沦陷,震惊了所有还沉浸在帝国残梦中的英国人。如果说新加坡失陷对于英国殖民者来说是一记沉重的心理重拳,那么对于生活在这个小岛上的数十万华人而言,则是一场真实的噩梦。

在马来—新加坡战役中,表现最英勇的是马来人民抗日军和"星华义勇军"。前者是由马来亚共产党领导的、主要由华人组成的抗日武装,编成2个旅,约4 000人,他们曾在金马士(Gemas)地方重创日军第25军战车第一联队及安藤支队。"星华义勇军"在新加坡保卫战中表现英勇,多次打退敌人的进攻,自己也承受了巨大伤亡。新加坡保卫战虽然在日军猛烈攻击下最终失败,仅坚持了八天,但一些义勇军成员随后坚持开展游击战,直到1945年日本投降。其间,中国等国家和地区的抗日力量也对新加坡的抗日力量进行过援助。

与此同时,以新加坡为中心的南洋华侨们也为抗击日军做出了巨大贡献。太平洋战争爆发前,他们就出钱出人支援中国抗战,在抗战初期直接汇回中国的钱款加上义捐总数达到50亿元,而1939年中国国民政府全年的抗战经费也不过18亿元。陈嘉庚先生、胡文虎先生都是当时南洋著名的抗日爱国华商。此外,更有许多华侨回到中国参战,令日军胆寒。新加坡的一些南洋机工甚至曾到中国接受军事训练,然后被派往滇缅公路,与中国机工共同抗日。当时的日军第25军司令山下奉文因此得出这样的结论:要不是有华侨的支援,中国问题早就解决了。

凶残的日本法西斯对新加坡华人恨之入骨,因此日军一占领新加坡,即将屠刀伸向新加坡人民。侵占新加坡后仅仅几天,日本侵略者即发布文告,要求新加坡华人不分男女老幼到指定地方集中接受"大检证",但到了集中地点等待着华人的却是蒙着面的原英国警察、印度警察等变节分子,他们对所谓"反日分子"进行指认。被指认出来的华人未经任何审判程序即被日军绑赴海边遭重机枪扫射杀害。到后来,为节约子弹,日军干脆将人绑成一串装上船,到离海岸10千米左右的地方推入海中溺亡。

这次美其名曰"大检证"的大屠杀行动就是由日本第25军司令官山下奉文与参谋长铃木宗作以及杉田大佐等人一起策划实施的。事实上早在2月17日,山下奉文即命令新加坡警备司令河村三郎,"将潜伏着的持敌对态度的华侨连根铲除,以绝我军作战的后顾之忧"。参谋长铃木宗作则明确指示,"判定出敌对分子后,当即处置(处死)"。计划原本要在3天时间内鉴别并肃清所有抗日的华人。

日军在新加坡展开"大检证"行动

  2月18日,残酷的"大检证"开始了。日军对新加坡市区进行划区封锁,强令各区华侨不分男女老幼,携带一周粮食,前往7个集中地接受"检证"。不到3天,7个集中地的学校、工厂、住宅、街道都挤满了华人。白天烈日曝晒,夜晚寒风侵肌,华人在死亡的恐怖中心惊胆战地等待审查。仅仅几天,就有100多人被挤死、闷死。

  好不容易熬到受检之时,还须连过日军官兵和"线人"的审查和盘问。尽管有《抗日华侨名册》(在新加坡的日本侨民和柔佛州警方有关人员提供)和投降变节人员的协助,但要在短短3天内,从七八十万华侨中甄别出五六万"抗日分子",绝不可能。整个甄别过程实际上充满了"儿戏"——只盘问职业者有之,以貌取人者有之,甚至抽签抓阄者有之。由于"检证"匆忙,日军并未制订出一套完整的计划,所以实际执行时标准各异,各区军官完全随个人好恶行事,有的"检证点"专门拘捕有钱人,有的"检证点"专门拘捕戴眼镜者。不幸被"检证"出来的,即被卡车拉往郊外集中处死;侥幸过关的,则身上盖一"检"字放回。总之,是生是杀,全随日军意志支配。据当年亲历者回忆,那几天新加坡全城血雨腥风。

关于那场"大检证",新加坡国父李光耀曾在自己的回忆录中有过生动的描述:

> 日本兵离开我家之后不久,便传来消息说,日本人要所有华人到惹兰勿刹运动场集中,接受检证。我看到李绍茂和他的家人离开,认为自己也跟着去方为上策。如果我随后被日本宪兵发现留在屋子里,一定会受到惩罚。于是,我和忠祜一起到惹兰勿刹运动场去。碰巧忠祜跟其他人力车夫同住的"估俚间"就在铁丝网围篱之内。几万户人家挤在这一小片天地里,所有出口都有宪兵站岗。
>
> 我在忠祜的小房间里度过一晚,便决定到出口处,接受检证后出去,可是值勤的日本兵挥手要我同一群华族青年站在一起。我本能地觉得不对劲,于是要求日本兵准许我回到估俚间收拾我留在忠祜房间里的东西。日本兵答应了。我回到忠祜的小房间,又躲了一天半,才试着从同一个检查站出去。这一次,我竟莫名其妙地平安通过了检查站。日本兵在我左手臂和上衣前面,用胶印盖上一个"检"字,意思是检查过,可以出去了。我和忠祜一起回家,不禁松了一口气。我是有理由感到宽慰的。

从以上的文字中我们依然可以感到紧张和恐怖的气氛。在那命悬一线的危急时刻,李光耀凭借自己的果敢、机智和镇定躲过一劫,实乃新加坡之大幸。同时,从李光耀的描述中我们也可以看出,日军的"大检证"是何等随意、恐怖和凶残!

根据新加坡文献尤其是经历过惹兰勿刹检证的亲历者回忆,当年"大检证"原本定在2月23日完成,实则一直延续到3月3日才停止。由于带着刺刀的日本宪兵进入每栋房子检查,匿藏者一旦被搜出将必死无疑,因此除非早已躲进郊外的森林中,否则留在市区内的平民都不得不前往集中地接受"检证"。

集中地由铁丝网隔离,出入口有重兵把守,平民有进无出。众人均蹲坐在地上静候"检证"。稍后,老人妇孺被释放回家,青壮男子留下接受检查。候检的个别人士依序前往检查台前站立,负责的日军依清单名册抓人,变节者也从旁协助指认。另有多名宪兵在场戒备,还有日军军官一同执行监督。受"检证"者只有两种命运:一是通过"检证",衣物上被盖个印记然后释放回家,二是通不过"检证",被大卡车运走并集体枪杀。除此之外别无第三种情况。

新加坡华人接受"检证"

当时,日本陆军中鼎鼎大名的战争狂人辻政信正担任马来方面作战处主任参谋,他也是大屠杀的主要推动者之一。2月22日,辻政信巡视了负责惹兰勿刹地段"大检证"工作的日军部队。在听说大西觉的分队只甄别出70人后,辻政信大为光火,严厉斥责道:"你还在磨蹭什么?我是要全新加坡一半人(的命)!"这一句话便让大西觉的分队一口气抓了几千人,塞满了几十辆汽车,风景宜人的樟宜海滨遂成血腥屠场。

日军屠杀新加坡华人的手段极其残忍:有将人相互捆绑推入海中用机枪扫射的,有令其自掘坟墓服毒自尽或用机枪射杀、军刀砍杀的,种种手段,令人发指。1947年4月《新加坡大"肃清"案战犯审讯记》曾有这样的记述:"芽笼区则为日军施虐最残酷惨毒之地区也。华侨居民不问男女老幼,均被驱步行往直落占老之英校草场,忍饥耐渴,曝日露宿。凡二日,妇孺乃得释回。男子蹲踞草场,任曝骄阳,稍一动弹,拳足交加,甚或驱上罗厘(货车),每车三五十人不等,一去不返。及至 22 日,凡经检出之教员及识字者、公务人员、义勇军、南来不及五年者、有五万以上资产者及海南人等,均被载往锡叻七里半处屠杀,为数之众,为各区之冠。"

有生还者忆称,一同被载到海边枪杀的共有 11 卡车 600 多人,自己是枪下余生者。还有生还者披露,自己是在 2 月 22 日到惹兰勿刹集中的,次日妻子女儿获释回家,自己则和其他 20 卡车的华人被载到海边枪杀,本人身受重伤后躲藏在附近丛林中生还。还有生还者披露,自己与其他 120 人被载到海边时那里已经堆积着很多死尸,众人皆被绑成一串,被迫步入海中,日军随后在其背后用机枪扫射。该生还者挣脱绳索,潜入海中得以逃过一劫,同他一起生还的还有一人,亦是潜水逃生。还有生还者忆述,自己被变节者指认为抗日分子,当时天色已晚,因此暂被囚禁在维多利亚学校教室。次日清晨,室内 70 多人被集体载到海边枪杀,其中 4 人未射中要害,挣脱绳索逃生。

战后调查,日军集中屠杀华人的地点多达几十处,包括榜鹅海滩、旧樟宜海滩、圣淘沙海滩、东海岸靠近码头的地区等都是当时的屠场,并有大量遗骸被陆续发掘出来。

那么,那场大屠杀究竟有多少罹难者?战后远东国际军事法庭的判决书上轻描淡写地称是 5 000 人,但这一数字实际上最初出自当时"昭南市"警备司令官河本参郎的自供,没有人做任何核实,因此其说辞不仅准确性令人怀疑,且极有可能是战犯推脱罪行之辞。新加坡华人社会则估计遇难者人数可达 10 万人以上,也有较折中的观点认为,罹难者至少应介于 2.5 万至 5 万人。但无论罹难者人数多少,新加坡"大检证"大屠杀与中国南京大屠杀、菲律宾大屠杀已被列为第二次世界大战日军屠杀亚洲地区人民的三大惨案,受到全世界人民的强烈谴责,而新加坡大屠杀是其中目的最明确、组织最严密的一次屠杀。

新加坡人永远不会忘记自己曾经经历的惨痛历史。1967年2月15日,新加坡和平纪念碑落成揭幕。直到今天,每年的2月15日新加坡沦陷日到来之际,新加坡人都会集中到这里控诉侵略者的暴行,悼念无辜的死难者。

四、日据时期的苦难生活

除了凶残的屠戮外,日军还对新加坡实行严苛的经济剥削政策。新加坡沦陷后,日军开始大肆勒索南洋华侨,要求华人合力交出5 000万元奉纳金,其中,新加坡华人要承担1 000万元。对此,日本占领军司令山下奉文当时给出的理由是"华侨支持重庆政府抗日,这笔奉纳金,是你们向皇军赎罪的买命钱"。

为便于勒索,日本法西斯当局还成立了"南洋华侨协会",当时公认的华侨领袖如陈嘉庚等人早已出走,销声匿迹。日军遂强迫72岁的华侨长老林文庆博士担任会长,要挟他以协会的名义去"筹钱",于是这筹集5 000万元"奉纳金"的命令就落在林文庆身上。林文庆被逼无奈,受尽煎熬。但他也利用"协会"及其"会长"身份,营救了一些爱国华侨。如"南侨总会"李振殿被日本宪兵拘捕后,就是由林文庆签具保证书而获释的。据当时在"华侨协会"当秘书的陈育嵩回忆,当李振殿被保释出来时,日军宪兵队长水摩指着林文庆对他说:"呶!这位是你的救命

林文庆像

恩人,快上去向他跪谢!"李当即跪下去,林文庆不知所措,两位历尽沧桑的老人,相对无言,老泪横流。又如古晋侨领黄庆昌等被日军水上宪兵拘捕,也是由林文庆出面保释的。所以在第二次世界大战结束后,英国当局豁免对他的指控。

日本法西斯统治的贪婪和苛酷造成新加坡金融的紊乱和生活物资的极度短缺。日军在当地发行的军票,因10元面值票面上印有香蕉树而被新加坡民众轻蔑地称呼为"香蕉票"。日本侵略者虽强制使其与英国殖民地时代的叻币等值使用,但随着日军的滥印,其后期价值已贬值到100叻币可兑换2 380元军票。

日据时期发行的10元军票被新加坡民众称为"香蕉票"

由于资源严重短缺,新加坡米价从一斤5元迅速涨到5 000元。日本军政府还人为"定量"供应粮食,强行规定成人每月只可领取4.8千克粮食、儿童2.4千克,致使许多民众营养不良、倒毙街头,不少家庭被迫在自家花园种植木薯、番薯、香蕉等农作物。

此外,日本法西斯为了推行皇民化教育,仿照在伪满洲国等地的做法,开办了昭南日本学园,在新加坡居民中强制推广日语。1943年7月1日起,日军为加强日语的统治地位,开始禁止被视作敌对性语言英语的各类通信,包含明信片与书信,规定除教学用书和军方认可的书以外一律不得使用英语。

五、南侨总会主席陈嘉庚

陈嘉庚(1874—1961)是新加坡著名爱国侨领、企业家、教育家、慈善家和社会活动家,一生公而忘私,垂范后人。

陈嘉庚于1874年10月21日生于福建省泉州府同安县明盛乡仁德里(今福建省厦门市集美区集美街道浔江社区),父亲陈杞柏早年下南洋谋生,在新加坡经营顺安号米店。陈嘉庚从小在福建长大,17岁时来到父亲在新加坡的店中学习经营管理,20岁回福建完婚,随后在家乡读书一年,22岁再回新加坡管理米店。

1905年春,31岁的陈嘉庚开始自立门户,走上创业之路。他首先开设了"新利川黄梨厂"生产菠萝罐头,后又继承遗产"日新公司"继续生产菠萝罐头,仅经营了3个月便获利丰厚。当年夏天他又开设了"谦益号"米店,不久决定经营橡胶种植业。20世纪最初十年,陈嘉庚与另一企业家其好友余东旋大力发展橡胶事业,成为当时马来亚最富有的两位华侨。经过十多年的发展,陈嘉庚已拥有1.5万英亩橡胶园。同时他还开设了橡胶制造厂,生产胶鞋、轮胎等产品。陈嘉庚产业中的三大支柱为橡胶园、生胶厂和胶品制造厂。另外他还经营菠萝罐头、冰糖、肥皂、药品、皮革等10余种商品。他的销售网点遍布东南亚及中国上海、厦门、广州、香港等地。1923年到1925年,陈嘉庚的公司达到鼎盛,当时他拥有的资产达1 500万叻币,雇员数万,经济实力称雄整个东南亚。此外,他在中国内地及香港也拥有许多产业,如香港集友银行等。

1929年,世界经济大萧条,农产品价格下跌,美国汽车业减产,沉重打击已经饱和的橡胶业,直接影响马来亚地区的轮胎销售。橡胶业的严重不景气促使不少华商破产收场,他们旗下的橡胶集团纷纷倒闭,陈嘉庚旗下的橡胶企业也遭遇同样的命运。同时,他旗下的零售业公司也受到当时大量涌入的日本舶来品冲击,业绩每况愈下。陈嘉庚的公司累计欠下银行债务近400万叻币,而公司资产仅200多万叻币,出现资不抵债情况。1934年,陈嘉庚的商业王国全面收盘。

尽管企业遭遇挫折,但他热心公益,尤其对兴办教育非常热心。早在1913年,他就在家乡创办小学,1918年又创办师范学校并设立中学,附设男女小学和幼儿园。随着家族企业的兴旺,他又继续在集美区开办水产航海学校、商业学校、农林学校、幼教师范学校等,同时还设立了科学馆、图书馆和医院等,使集美区成为系统完整的学区。

陈嘉庚捐资办学的高峰是在1921年。当时,他痛感福建文化教育的落后和人才的匮乏,便决定投资创办厦门大学。厦门大学所有办学费用由他一人承担,就连大学的经营费用,也由他分12年支付。对于厦门大学,他付出了满腔心血,从聘请校长和教员,到校舍选址和设计施工,可谓四处奔走、呕心沥血,厦门大学最终成为中国近代教育史上第一所由华侨创办的知名高校。厦门另一所大学集美大学,亦是陈嘉庚创办的,前身是集美学校师范部。

陈嘉庚不仅对中国的教育发展非常关心,对新加坡的华人子女教育也非常热心,1919年创办了规模宏大的新加坡南洋华侨中学(现为新加坡华侨中学)。南洋华侨中学是当时南洋地区华侨的最高学府,也是新加坡第一所华文中学。1941年,陈嘉庚创办了南侨师范学校,为投身教育的年轻教师提供培训。在抗日战争结束后,他又接连创办了水产航海学校、南侨女子中学校(现为南侨中学)、光华学校、爱同学校等。当时有教会请陈嘉庚捐款创办一所大学,陈嘉庚亦慷慨应允,但提出要兼设中文课程。

陈嘉庚一生所捐献的教育经费,几乎等同于他拥有的全部不动产。他在给集美学校的一封信中曾坦露自己的胸襟:"教育不振则实业不兴,国民之生计日绌……言念及此,良可悲也。吾国今处列强肘腋之下,成败存亡,千钧一发,自非急起力追,难逃天演之淘汰。鄙人所以奔走海外,茹苦含辛数十年,身家性命之利害得失,举不足撄吾念,独于兴学一事,不惜牺牲金钱,竭殚心力而为之,终日孜孜无敢逸豫者,正为此耳。"这封信件充分说明了他渴望中华民族复兴的博大胸怀和对中国教育孜孜不倦的崇高追求。

陈嘉庚不仅积极支持教育事业,还大力支持中国革命。早年间他就结识了孙中山,1910年加入同盟会,积极参加反帝反殖民主义革命。辛亥革命后,他还曾出任福建"保安会"会长,筹款支援福建,对稳定当地局势做出了贡献。他支援范长江、夏衍等人主办"国际新闻社"和《华商报》,还汇款支持邹韬奋复办《大众生活》周刊。1928年中国"济南惨案"发生后,南洋华侨华人掀起了声势浩大的声援运动,陈嘉庚时任南洋"山东惨祸筹赈会"主席,积极筹款救济难民,还发起抵制日货运动。1937年抗日战争全面爆发,南洋华侨在新加坡成立"南洋华侨筹赈祖国难民总会"(简称"南侨总会"),陈嘉庚被推选为主席。他带头捐款并组织各类抗日救亡活动。在他带头下,仅1939年一年,南洋华侨就向祖国汇款3.6亿多元(指当时中国的法定货币国币,下同),从卢沟桥事变到太平洋战争爆发期间,共计捐款约15亿元,极大地支援了中国国内的抗日力量。

陈嘉庚领导的南侨总会募捐巨款,组织南侨机工回国服务,支持祖国抗战。除此以外,陈嘉庚还在南洋主持劝捐购买"救国公债"工作。1938年,仅在马来亚就募购公债1 500万元,又为宋美龄任主席的重庆"难童保育会"和"寒衣募捐会"在马来亚向华侨募捐500多万元。

陈嘉庚具有强烈的民族气节,坚持抗日到底。针对汪精卫等人的卖国行为,陈嘉庚在国民参政会第二次大会上提出了"敌未出国土前,言和即汉奸"的著名提案。

1940年3月,南侨组织的"南洋华侨回国慰问视察团"回国慰问抗战军民,66岁的陈嘉庚也在当月下旬,以南侨总会主席身份亲率慰问团到中国访问。1941年,日军侵占新加坡,陈嘉庚遭到日本法西斯重金悬赏捉拿,被迫辗转到印度尼西亚等地避难,在众多华侨华人掩护下,历尽艰险度过三年多的恐怖时期。

尽管陈嘉庚是称雄南洋的大实业家,但他的个人生活却十分简朴。他在个人自传中写道,"我之个人家庭,年不过数千元,逐月薪水足以抵过。在集美建一住宅,不上一万元,他无所有"。

此外,陈嘉庚也是香港福建籍人士的领袖,因香港曾长期为南洋华侨支持中国革命的中转站,福建人一度占港人人口的近半数,故陈嘉庚在此创立了大量民间机构,如福建体育会、集友银行、集美校友会等。

六、敌后抗日活动及日军的最终覆亡

新加坡沦陷后,日军对"星华义勇军"恣意报复,许多队员惨遭杀害。其中,义勇军的领导人之一林江石被捕后宁死不屈,被敌人斩手挖眼,为保卫新加坡流尽最后一滴血。他和"星华义勇军"的英雄事迹永载史册。

东南亚盟军136部队也是一支英雄的抗日部队。它是中英两国在1943年共同组建的抗日部队,骨干是太平洋战争爆发后留在印度的2 000多名中国海员,该部队由英国提供经费,在印度、锡兰(今斯里兰卡)受训后乘潜艇或飞机潜入新马地区开展敌后抗日活动。1943年5月至1945年8月,该部队先后派遣18批人员潜入新马地区为抗日地下武装提供军需物资、协助训练、搜集情报并最终配合盟军登陆行动。其中,136部队的队长林谋盛就是新加坡抗日英雄的代表。他祖籍中国福建南安,16岁移居新加坡求学、经商,历任新加坡中华总商会董事、华侨建筑商公会会长等职。抗日战争爆发后,参加华侨抗日救亡运动,曾参与组织动员马来亚龙运日本铁矿株式会社华工罢工。新加坡沦陷前夕,他担任"星洲华侨抗敌动员总会"劳工服务部主任。新加坡沦陷后,他被委任为136部队马来亚区华人区长,1943年11月潜回新马地区指挥136部队敌后斗争,并联络马来亚人民抗日军共同行动。1944年3月27

日,林谋盛奉命执行"盖世大务"(Operation Gustavus)行动,从印度潜入新加坡,主要任务是在马来半岛建立地下情报网,为盟军收集日军情报。然而行动不幸失败,林谋盛和战友被日军捕获,在峇都牙惹监狱遭受日军严刑拷打,光荣牺牲,年仅35岁。战后,新加坡政府和人民为表彰他的抗日功绩,在新加坡海滨和平纪念碑旁建立了"林谋盛烈士纪念碑"。

136部队部分队员

日据期间,盟军不断对盘踞新加坡的日军展开反击。1943年9月26日在"杰维克行动"(Operation Jaywick)中,由伊凡·莱昂上尉(Captain Ivan Lyon)率领的Z特种突击队从澳大利亚潜入新加坡码头,将总吨位近4万吨的7艘日本船只炸毁。一年后,已升任中校的莱昂率领23人的行动队再次从澳大利亚潜入新加坡实施"日卯行动"(Operation Rimau)并炸沉3艘日本船舶,但被日军发现。莱昂中校与13名队员被日军捕获后当场处死,另10人被日军法庭以间谍罪判处死刑。1945年7月31日,英国皇家海军伊恩·爱德华·弗雷泽上尉在"抗争行动"(Operation Struggle)中率2艘XE3小型潜艇,与潜水队员占士·约瑟夫·玛嘉烈潜入新加坡实里达港实施爆破,将磁性吸附式定时水雷安装在日军"高雄号"军舰第三炮塔右舷下,引爆后令其舰体出现宽3米、长8米的裂缝,导致下部电信室及主炮发令所进水。

1945年8月15日,不可一世的日军宣布战败投降,世界人民沉浸在巨大的喜悦中,新加坡也展开了热烈的庆祝活动。由于当时英军尚未抵达新加坡,这里暂时仍由日军代管。出于对日军的痛恨,民众焚烧了日军军营。9月3日,负责光复新加坡的英海军陆战队由贺蒙少将率领,乘巡洋舰"莎色斯号"开进新加坡海域。9月5日,英军大规模登陆新加坡。日军驻马来半岛总司令坂垣征四郎与其高级参谋部一行人,手执白旗登上英军巡洋舰,在该舰签字投降。

随后,英军收缴了日军的全部武器,并将所有日军关押在裕廊战俘营。街上再也看不到横行霸道的日军士兵。被日军关押的英军俘虏全部被释放,他们个个骨瘦如柴,被安置在军营救治和调养。英军成立了军政府,负责新加坡日常行政事务,进而开始恢复战时遭到破坏的新加坡经济。

9月12日,在新加坡旧海事局(现为市政厅)前面的大操场上,人山人海,万头攒动,有人爬上屋顶,耐心等待重要历史时刻——日军向英军正式呈递投降书仪式。在现场维持秩序的有英国海军陆战队、印度海军、马来亚人民抗日军以及一些荷法士兵、雇佣兵等。

日军准备向蒙巴顿上将率领的盟军高级代表团递交投降书

不久,礼炮声响,盟军统帅蒙巴顿上将及来自盟军各成员国的高级代表抵达,中国政府派出由冯衍少将率领的高级代表团,新加坡华侨代表为杨汉河医生、商会代表为陈六使先生。所有代表随蒙巴顿上将入场并登上观礼台。在场观众报以热烈掌声,军乐队奏起雄壮的进行曲。日本南方部队总司令寺内寿一的代表坂垣征四郎面如死灰、垂头丧气,双手捧上之前在舰上签好的投降书。

至此,日治"昭南时代"被彻底扫入了历史的垃圾堆,日本法西斯在新加坡的暴行永远被钉在历史的耻辱柱上。

七、抗日战争时期的新加坡华文文字

1937年7月,中国抗日战争爆发,新加坡的华人社会也掀起了支援中国抗日救亡运动。这一时期许多文艺创作也以抗日救亡为主题,并涌现一批优秀作品,如张一倩的中篇小说《一个日本女间谍》(1938年)、铁抗(原名郑卓群)的中篇小说《试炼时代》(1938年)、吴天的戏剧《伤兵医院》(1937年)、王君实的散文《海岸线》(1937年)等。此外,比较优秀的短诗还有刘思的《黄包车夫》(1939年)和椰青的《埋葬》(1938年)。1942年日军侵占南洋群岛后,铁抗、王君实等作家相继遇难,新加坡文学活动进入低潮。

抗日战争初期,中国作家郁达夫曾担任《福建民报》副刊主编。1938年携眷至武汉,任政治部设计委员、中华全国文艺界抗敌协会常务理事,在各前线参访。1938年12月,郁达夫抵达新加坡宣传抗战,担任《星洲日报》文艺副刊《晨星》、《星洲晚报》文艺副刊《繁星》和《星光画报》文艺版主编。郁达夫在《星洲日报》前后3年,共发表400多篇抗日政论,后被整理为《郁达夫南洋随笔》《郁达夫抗战文录》等书。1940年郁达夫还成为新加坡南洋学会创建人之一。1941年底太平洋战争爆发,郁达夫出任星华文化界战时工作团团长和华侨抗敌动员委员会执行委员,参与组织"星洲华侨义勇军"抗日。新加坡失守后,郁达夫避难至苏门答腊。1945年,日军发现了他的真实身份。日本投降后不久的一个晚上,郁达夫被日本宪兵杀害,遇难时年仅50岁。

作者点评

日据时期是新加坡历史上最苦难的岁月,无论是华人、马来人还是英国人、印度人,凡是在这片土地上坚持斗争、争取和平的人,均遭受了深重的灾难。新加坡人民遭受日本法西斯的残酷统治和杀戮。在抗击日军的过程中,许许多多华人、马来人、英国人、印度人、澳洲人战士用他们的鲜血和生命谱写了可歌可泣的英雄事迹。它时刻提醒人们:勿忘历史,珍惜和平。

随着第二次世界大战结束和日本法西斯的投降,新加坡来到新的"十字路口":它是重回英属海峡殖民地辖区,还是走向新生?历史的车轮滚滚向前,战后的新加坡已今非昔比,民族独立的浪潮也已开始席卷全球。

第四章
国家独立

战后新加坡面临重大抉择。虽然英军以胜利者的面目重返新加坡,但殖民者的威信早已大不如前,新加坡人心中的反帝反殖民思想已然扎根。经历过血与火考验的新加坡人在政治上已经觉醒,一个全新的新加坡即将在战后的世界舞台上崭露头角。

一、英国人回归与新马分治

从英国殖民者最初来到新加坡实行殖民统治起,新加坡工人、商贩和士兵就时常展开自发抗争。其中,1915年印度裔士兵起义是最著名的一次。当时,驻扎在新加坡的印度士兵听说将被派去攻打奥斯曼帝国后,他们将兵营里的英国军官全部杀害,准备起义。殖民政府从缅甸和柔佛调来军队,才将起义镇压下去。1930年4月30日,马来亚共产党成立,此后他们开始将新马地区人民自发的经济抗争引上同时争取经济和政治权益的自觉斗争道路,使工人运动成为新马地区反帝反殖民主义的重要社会力量。20世纪30年代后期,新加坡工人接连举行大罢工反抗殖民统治。

1945年日本侵略者战败投降后,英军于当年9月重返新加坡,开始实行军事管制。重新回到新加坡的英国殖民当局为了自身利益,并不愿轻易放弃对新加坡乃至整个马来半岛的殖民宗主权。但鉴于战后全世界风起云涌的反帝反殖民主义浪潮,特别是经历第二次世界大战和日本法西斯统治的新加坡人民已经觉悟,英国想要继续维系战前在新加坡的殖民统治,无论从道义上还是从现实操作上均已难度增大。

1946年3月,英国结束对新加坡的军事管制,同时宣告英属海峡殖民地解散。迫于战后世界反帝反殖民主义斗争的压力,英国人重返马来半岛后也不得不做出适度妥协,逐渐让马来亚恢复独立,但将继续保留对新加坡的统治权,因为新加坡是英国的重要远东基地,对于确保英国和西方国家在东南亚的政治经济利益,特别是重振战后经济不可或缺。

1946年4月1日,英国正式宣布新加坡为英属"直辖殖民地",而原属海峡殖民地的槟榔屿、马六甲与其他9个马来土邦则另组为"马来亚联盟"(Malayan Union),1948年改称"马来亚联合邦"(Federation of Malaya),但实际上仍由英国殖民者统治。

很明显,英国殖民当局想刻意凸显马来亚与新加坡的不同,这样安排的目的是将二者分割开来,逐步向马来人民移交马来亚主权,但试图保住对新加坡的殖民宗主权。为了实现这样的目的,英国人在政治上刻意凸显新加坡的华人社会属性,强调其与马来亚、马来人社会的差异。殖民者想留住新加坡,为大英帝国延续在新加坡的统治寻找合理解释。

然而,战后的新加坡人民要求在政府中拥有更大的发言权。迫于形势,这一时期英国派驻新加坡"直辖殖民地"总督的一部分权力已经开始被分散,具体的做法包括允许组建一个由官方和非官方人士组成的顾问组。这一总督顾问机制最终于1947年7月演变为两个分立的机构:行政会议和立法会议。虽然此时的英国总督依然拥有很大权力,但新加坡人民至少可以选出立法会议的6名成员了。

殖民者这种试图挑拨华人与马来人产生政治与种族矛盾,从而达到分而治之目的的伎俩,遭到了新马两地人民的反抗,进一步激发了新马两地人民日益高涨的民族独立情绪。在这种情况下,英国殖民者的妥协是必然的。1955年,英国当局同意"马来亚联合邦"举行首次大选,通过选举产生自治政府。1957年8月,"马来亚联合邦"正式宣布独立,先于"新加坡直辖殖民地"获得民族完全独立。

二、新加坡自治

新加坡人民战后民族意识的日益觉醒,已不允许殖民者再将新加坡作为"直辖殖民地"。整个战后至20世纪50年代的新加坡,各种政治势力激烈博弈,各党派合纵连横,一时暗潮汹涌,局势充满着不确定性。

新加坡人民并不满足于殖民者的敷衍,继续与殖民当局谈判以争取真正自治乃至独立。在新加坡民众的呼声和压力下,英国政府被迫于1953年底设立一个考察组,由林德爵士(Sir Rendel)牵头,研究新加坡的政治改革路径并提出建议。1954年2月,英国政府接受了林德报告关于新加坡政治改革的方案,此举改变了战后新加坡政治改革进展停滞的局面。在林德的设计下,殖民政府将大部分权力移交给由25位民选议员组成的立法议会,同时成立一个由6位民选议员任部长、3位官委部长参与管理、以总督为行政长官的内阁,负责除外交、内政和国防外的一切事务。另一个重大改革是将注册选民制改为自动注册选民制,这一改革首次让占新加坡人口75%的华人获得投票权,虽然规定选民仍为英籍。从中可以看出,林德改革仍由英方在政治上占主导,因而它充其量只是"半自治"性质,目的仍是在保留殖民核心权力的基础上,缓解新加坡人民日益高涨的反殖民意识和争取独立的压力。尽管如此,这一"半吊子自治"或"部分自治"让新加坡人看到了一丝政治的曙光,也让在1948年后实施的"紧急状态"下的压抑局面有所缓解。

按照林德改革的规划,新加坡于1955年4月通过选举组建了半自治政府。新的登记制度使原本只有7.5万人的合格选民暴增到30万人,其中华人选民数量跃升。选举结果显示,由戴维·马绍尔(David Marshall)领导的劳工阵线获胜并拥有立法会的10个席位,劳工阵线与"巫统"(全称"马来民族统一机构",United Malays National Organisation,缩写为UMNO)、华人政党"马华公会"(Malayan Chinese Association,缩写为MCA)组成联合政府。戴维·马绍尔本人则于1955年4月6日成为这一半自治政府的首任首席部长(Chief Minister)。

但人民强烈要求完全自治,各种罢工、请愿、示威此起彼伏。仅仅在1955年4月到12月的9个月时间里,新加坡就发生了260起工潮,福利巴士车厂暴动是其中最严重的一起,酿成4死31伤。1955年4月,福利巴士车厂工人罢工,229名工人被开除。5月12日清晨5时许,50名罢工工人在车厂门口组成一道人墙阻止巴士驶出,厂方召来警方并动用水枪驱散罢工工人,引起罢工工人掷石还击。下午2时,警察总部实行紧急戒严,但无法阻止各地发生零星袭击事件。下午2时15分,17辆满载华人中学生的卡车去车厂增援工友,在福利巴士车厂附近的亚历山大路遭警方拦截,导致约1000名学生及罢工工人与警方混战。学生和工人以石块和瓶子为武器,警方还以催泪弹。晚上情况恶化,聚集在离福利巴士车厂不远的3000名群众与镇压警察发生冲突,导致2名警察丧生,1名华人学校学生被打死,14名警察和17名平民受伤。

暴乱第二天,当劳工阵线联合政府召集部长紧急会议,商讨解决福利工潮时,教育部同时决定采取强硬手段关闭华侨中学等3所华人学校一星期,以示惩罚。其后,政府于5月14日指示福利巴士雇主接受罢工工人要求,被开除的工人重获录用,在罢工期间的薪水照发,这场纠纷得以解决。3所华人学校于5月23日无条件复课。

在强烈的民意要求下，1956年4月，首席部长马绍尔率领由各党派组成的13人代表团到伦敦进行争取新加坡完全自治的谈判(也称"孟迪卡谈判"，Merdeka，马来语意为"独立或自主")。这次谈判得到新加坡立法议会全部党派通过并全面授权，要求除外交与国防交由英国控制外，新加坡在英联邦内完全自治。人民行动党(People's Action Party, PAP)派出李光耀和林清祥等代表，参与伦敦谈判。不过，在谈判中关于公民权新条款和殖民地官员退任后的赔偿问题没有异议。在内部治安问题上，英国人坚持内部治安委员会须由英国人主导，马绍尔提出内部治安委员会应交给新加坡主导，但可以允许英国拥有最后终止的权力。马绍尔的提议在代表团中只得到少数人支持，孟迪卡谈判代表团最后铩羽而归。

这次孟迪卡谈判未成功，主要原因有两点：代表团成员各唱其调，意见不统一；英国人对马绍尔不放心，质疑他立场不坚定。为兑现"孟迪卡谈判"前的承诺，马绍尔返新后辞去首席部长职位。1956年6月8日，林有福接任该职位。林有福接任后不久，就在当年的9月及10月展开一连串的逮捕行动，以及封闭华人学校中学联合会、妇女联合会等团体。这场被命名为"解放行动"的逮捕行动，被英国总督赞为"勇敢、有效的行动"，其目的是为日后的谈判除掉障碍。

1957年3月，林有福带领一个5人代表团到伦敦重启新加坡自治谈判，李光耀代表人民行动党参加，英国当局同意新加坡在举行下一届大选后成为自治邦。第一次谈判中搁浅的"由谁主导内部治安委员会"问题，在这次磋商中也出现松动并获得通过，即委员会主席由"马来亚联合邦"的政府部长出任并拥有投票权。按照达成的协议，大选后获得自治的新加坡政府，除国防、外交、修改宪法、宣布紧急状态等事务仍由英国政府掌控外，其他一切权力归属新加坡，新加坡仍为英联邦成员。1958年5月28日，双方在伦敦正式签字。

1956年新加坡独立代表团前往伦敦谈判前的会议场面
(坐者右4马绍尔、右5李光耀;站立者右1林有福、右2林清祥)

  1959年5月30日,新加坡首次举行了以自治为目的的民选,选出了51名立法会成员,其中成立于1954年11月的人民行动党赢得了51个席位中的43席,成为第一大党。1959年6月3日,"新加坡自治邦"正式成立,时年仅35岁的人民行动党秘书长李光耀出任新加坡自治邦首任总理,人民行动党开始执政。6月5日,由英国政府任命的新加坡总督威廉·古德爵士(Sir William Goode)宣布新宪法生效,新加坡自治政府正式成立,由古德本人任自治邦元首。

  人民行动党政治上主张建立一个多元民族文化的国家,主张民族平等、宗教信仰自由和多种语言文字并重;经济上主张发展多元经济,以改变过去单靠转口贸易的单一经济结构;教育方面尊重各语文学校,并重视职业技术教育,因而得到了新加坡人民的拥护,其在选举中胜出是必然的。

实行自治后,李光耀政府大力整饬内政,缓和民族矛盾,推动经济发展,帮助民众解决失业、失学、房荒等问题,致力于安定民心、促进民生。政府宣布平等对待各民族及其语言文化,决定以马来语为国语。从1961年开始,自治政府推行工业化政策,制订了第一个经济发展五年计划(1961—1965),积极发展旅游业,增加人民就业机会,同时大力发展教育,实现学龄儿童入学,并推行"居者有其屋"的建屋计划,社会出现了蒸蒸日上的新气象。

但新加坡此时实行的自治,仍不是真正意义上的独立当家做主。一方面,李光耀政府继续与英国人谈判,以争取完全独立;另一方面,李光耀领导的人民行动党在这一时期开始与马来亚共产党合作,目的是共同反对殖民统治。当时的马来亚共产党影响力巨大,下辖大量群众组织,包括大量工人和在校华人学生,成为人民行动党的依靠力量。

然而,双方的价值观和政治理念方面并不一致。1961年,人民行动党与马共分道扬镳,在新加坡活动的马共另组新党"社会主义阵线"(Barisan Sosialis),而在马来亚地区活动的马共则持续推动游击战,并日渐式微。

三、李光耀的早期政治生涯

李光耀(1923年9月16日—2015年3月23日),新加坡国父,20世纪世界主要政治家之一。李光耀祖籍广东省梅州市大埔县高陂镇党溪乡,由于大埔县为纯客家人区域,因此李光耀祖辈均为客家人。其曾祖父李沐文于1862年下南洋谋生,最终定居当时仍隶属于英国海峡殖民地的新加坡。

李光耀是父亲李进坤与母亲蔡认娘的长子,然而对李光耀人生教育影响最大的并不是父母,而是他的祖父李云龙。由于祖父自小对李光耀施以英语教育,因而他自幼就受到西方开放之风的强烈影响。1935年,12岁的李光耀考入新加坡莱佛士书院初中部,1940年17岁时他又考入该校高中部。如前所述,这所学校由新加坡的开埠者及英国驻新加坡首任总督莱佛士于1823年6月5日创办,是一座典型的英式精英基础教育学校。

1942年日本占领新加坡后,李光耀不得不被迫中断高中学习。第二次世界大战结束后,李光耀于1946年荣获大英帝国女王奖学金,乘"不列颠号"远赴英伦留学。起先,李光耀就读于伦敦政治经济学院,受导师英国经济学家哈罗德·拉斯基启蒙,开始对英国殖民统治进行反思,逐渐产生反殖民思想。随后,李光耀转学到剑桥大学攻读法律学,并在1949年获得"双重一等荣誉学位",以榜首的成绩毕业。1950年6月,李光耀在伦敦获得职业律师资格,并在英国加入了一个由旅居当地的东南亚人组成的团体"马来亚论坛",该组织以"争取马来亚独立"为目标。

1950年8月,李光耀回到新加坡,开始从事律师工作,先后为百余个工会和协会担任法律顾问,并经常代表工会打官司,甚至义务为工会争取权利,为此甚至曾收到所在律师事务所要求其减少代理此类诉讼业务的"劝告信"。1952年,邮电制服职工联合会与英国殖民政府发生纠纷,当时在"黎觉与王律师馆"担任初级律师的李光耀代表工会打官司,成功地帮助罢工的邮政职员与政府达成协议,因而名声大噪,在工会中建立了广泛的群众基础,从而为未来从政打下了坚实的基础。对此,李光耀后来在他的回忆录中曾自豪地写道:

```
J. LAYCOCK.                        NUNES BUILDING
                                   MALACCA STREET
                                   SINGAPORE

                                   13th April, 1953.
Dear Harry,
        Ong and myself have been discussing the question
of members of our firm appearing in these lengthy arbitra-
tions or commissions on wages etc. which are now all the
vogue. We have been suffering from these heavily during
the past few months. Coupled with the absences of so many
of our qualified lawyers during March, they have left us with
a backlog of purely legal work in the way of our ordinary
business which cannot easily be overtaken. We have come to
the conclusion that we must not take on any more of these
wages disputes. They can never be short, we fear, because
they are always preceded by long negotiations; and we can
see clearly that it is likely there will be more, perhaps
many more, in the near future.

        If any special case arises, the same might be
specially considered by us; in that case please let us
have full information before you accept any such work.
                                Yours sincerely,


Lee Kuan Yew, Esq.,
Singapore.
```

律师事务所1953年要求李光耀减少为工会代理诉讼的函
（由李光耀家人2015年捐赠并在新加坡国家博物馆展出）

1952年某天下午，三个马来人和一个印度人身穿邮差制服，到黎觉与王律师馆来找我。……市议员A. P. 拉惹建议他们到黎觉与王律师馆来同我接洽……于是我接受下来，完全不考虑律师费的问题。

……报上的报道和宣传提高了我的专业声望。我不再只是个从剑桥回来获得学术荣誉的莽撞的年轻律师。人们眼看我怎样跟罢工工人打交道，怎样领导他们，怎样替他们说话，没有造成什么破坏便取得了胜利。我指出了政府前后矛盾和不合理之处，我以理服人而不积怨。邮差罢工使我受到公众的注意。在新加坡和马来亚成千上万工人的心目中，我的威望直线上升，又没吓坏受英文教育的知识分子。我和朋友们现在深信，我们可以在工会中建立群众基础，并因此而进一步获得政治力量，我们找到了动员群众支持的方法。

1955年福利车厂罢工期间李光耀、林清祥与首席部长马绍尔会谈

1954年11月21日，李光耀与一些从英国留学归国的华人、当地受华文教育的知识分子等在维多利亚纪念堂举行大会，正式组建人民行动党并发表建党宣言，发出了新加坡反对殖民主义、争取独立的最强音："人民行动党完全有信心与决心去实现独立自主的马来亚国。我们认为，真正代表马来亚人民的政党，他们今天的迫切任务，应该是尽速终止殖民地主义。"华文报刊表达了华人社会对人民行动党的期望，《南洋商报》社论给予高度赞许：人民行动党的成立，无疑可使当地人民观感一新，特别是在行动方面，我们希望由于该党名副其实，未来的一切，都可以由行动的表现来求取实现，领导当地人民以行动争取真正的独立自治。

1955年，李光耀在按照林德方案举行的首届选举上（当时新加坡只是个半自治邦）当选议员，正式踏入政坛。

1959年，李光耀领导的人民行动党参加了新加坡自治邦的首次大选。关于那次决定新加坡以及李光耀本人政治命运的大选，他在回忆录中如此描述自己所受到的热烈支持：

1954年11月21日，人民行动党在维多利亚纪念堂举行成立大会

1959年，李光耀在大选中获胜并就任新加坡自治邦政府总理

无论是街头会议还是群众大会,都可能是多姿多彩的场合。选举使不同种族的不同文化习俗流露出来。华人亲自向候选人献上绣了四或八字贺词的锦旗,以示支持。它们最大可以是三四米长,需要多人一起上台协助献旗者在赞赏的群众面前拉开。候选人鞠躬接受之后,就和献旗者一起跟锦旗合照。

印度人献上鲜花花环,通常是白色的素蓉花(俗称鸡蛋花)或万寿菊配金银线束,有的重达1千克。有时支持者一晚先后在我的脖子套上6到12个大小不等的花环,直到把我整个头遮住,脖子支撑得很辛苦。幸好我对他们所用的鲜花不敏感。

马来人献上用金银线织成的头饰,那是高级首领在庆典上佩戴的。这些东西都不便宜,人们不常献赠。但是候选人受人拥戴的话,可能得到50到100面锦旗,把它们分别挂在连成一串串的彩色灯泡之间,使群众大会增添喜庆的气氛。每面锦旗上都有献赠者的名字,也许是宗乡团体或同业公会以这样公开的方式支持候选人。有关团体一表态之后,它的会员便会协助候选人争取胜利。支持者如果是店主,就会送东西支持——做竞选布条所用的白布,让工作人员解渴的汽水等——而不是实际参加拉票活动。

得到新加坡各界拥护的李光耀及其领导的人民行动党在大选中果然不负众望。人民行动党一举成为新加坡第一大党,李光耀本人也得以成功出任新生的新加坡自治邦政府首任总理,这标志着传奇般的李光耀时代正式揭开帷幕。

四、新马合并与短暂的联邦岁月

李光耀是伟大的理想主义者,同时也很现实。他领导的人民行动党在探索由自治迈向独立的道路上,最早提出的解决方案是将新生的"新加坡自治邦"与同为英国殖民地出身并早一步于1957年取得自治的"马来亚联合邦"合并,共同组建一个强大的、由马来人和华人联合而成的"马来西亚联邦",然后共同宣布该联邦独立,各族群共享联邦的繁荣。

该政治设想并不是凭空产生的。回顾新加坡辉煌的古代史就能知道,将新加坡与整个马来亚半岛、马来亚地区合并在一起的政治设想,是建立在马六甲王国与柔佛王国悠久的历史文化传统之上的,也建立在华人与马来人长期共同生活、共同发展的现实基础上,更是新加坡这个人口仅有数百万的城市国家维持基本生存不得不做出的现实选择。在李光耀看来,新加坡既缺乏资源,又无战略后方,在狭小的领土独立建国实属勉强,因此最好的选择是以整个马来亚半岛、马来亚地区为依托,与马来亚联合邦实现合并。

在这一设想上,李光耀与同期"马来亚联合邦"的领导人不谋而合。1961年5月27日,"马来亚联合邦"的首相东姑拉赫曼(Tunku Abdul Rahman,后被称为"马来西亚国父")提议"马来亚联合邦"与新加坡、沙捞越、北婆罗洲及文莱王国合组一个强大的联邦国家,实现更紧密的经济及政治合作。他的提议反映了马华两族人民联合自强、建设美好家园的共同呼声,因而得到了人民的广泛支持。

对于东姑拉赫曼的提议,人民行动党表示赞成,但左翼人士担心合并将对其不利,林清祥等13人宣布脱离人民行动党,另组"社会主义阵线",反对新马合并。对此,李光耀决定于1962年9月1日在新加坡举行全民公投,选票上印有三个选项:

我支持合并,新加坡获得劳工、教育和其他议定事项的自主权,同时新加坡公民自动成为马来西亚公民;

我支持全部及无条件的合并,新加坡应以一州的地位,根据马来亚联合邦的宪法文件,与其他十一州在平等基础上进行合并;

我支持新加坡加入马来西亚,条件应不逊于婆罗洲地区所获得者。

由于选票上并没有设定反对合并的选项,因此林清祥等人领导的社会主义阵线呼吁民众投空白票。最终公投结果显示,71%的民众支持第一选项,只有26%的人响应社会主义阵线号召投了空白票。随后,东姑拉赫曼与李光耀共同签署了合并条款,决定共同组建一个负责国防、外交与国家安全事务的中央政府。为清除合并道路上的障碍,1963年2月,李光耀政府在英国与马来西亚的支持下,发起了"冷藏行动",将多位社会主义阵线人士逮捕下狱。

1963年9月16日,"马来西亚联邦"正式成立,其领土包括马来亚联合邦、新加坡自治邦、沙捞越和北婆罗洲(即今马来西亚沙巴州)等,位于加里曼丹岛的文莱王国因发生叛乱而拒绝合并。按照合并条款,1963年9月16日这天,新加坡成为马来西亚联邦下辖的一个州,同时保留了教育和劳工自治权。这就是历史上著名的"新马合并"。

然而,新马合并组建强大的联邦一事引发邻国印度尼西亚和菲律宾的不满。为此,新成立的马来西亚联邦还一度与印度尼西亚出现外交危机。其实,当马来亚联合邦1957年8月正式独立时,印度尼西亚与马来亚的关系并不糟糕,印度尼西亚不仅立即予以承认,而且在1959年还与其签署了友好条约。然而,随着1963年马来

李光耀与东姑拉赫曼

西亚联邦的宣告成立,印度尼西亚和马来西亚联邦的关系发生急剧变化。印度尼西亚时任总统苏加诺认为本国拥有北婆罗洲主权,同时认为马来西亚联邦的成立是"英帝国主义的表现"。苏加诺这一认识与当时的国际背景密不可分。1956年,英国主张在远东地区部署核武器,1958年决定在新加坡"秘密兴建核武库",1962年送原子弹到新加坡,次年进行投掷训练。印度尼西亚总统苏加诺奉行亲左翼政策,因而认为英国在新加坡部署核武器有针对印度尼西亚之意,且新马合并有共同应对遏制左翼力量之考虑,于是对马来西亚联邦的成立持怀疑态度,认为这是对印度尼西亚的包围,是英国殖民主义者的阴谋。1963年1月20日,苏加诺发起"粉碎马来西亚运动",反对沙巴和沙捞越并入马来西亚联邦并支持文莱民众发起的反对加入马来西亚联邦的运动。1963年9月马来西亚联邦成立后,印度尼西亚旋即宣布与其断交。此后,双方处于敌对状态并一度发生武装冲突。这种敌对状态一直持续到1966年8月苏加诺政权被苏哈托政变推翻才结束。苏哈托在印度尼西亚执政后,1966年8月与马来西亚联邦签署关系正常化协议,1967年复交。

菲律宾对"强大"的马来西亚联邦的出现也表示反对,并就沙巴的主权提出要求。他们认为,沙巴历史上曾是该国苏禄苏丹管辖的地区,因此应属菲领土。不过,时任菲总统费迪南德·马科斯并没有采取苏加诺那样激烈的反对政策,随后承认了马来西亚联邦对沙巴的主权。

如前所述,1963年9月16日,"马来西亚联邦"正式成立,其领土包括马来亚联合邦、新加坡自治邦、沙捞越和北婆罗洲(今马来西亚沙巴州)等。其中,"马来亚联合邦"主要由马来联邦、马来属邦、一部分前海峡殖民地辖区和新获得土地四部分构成,其与英国殖民马来半岛及新加坡历史密不可分。

在"马来亚联合邦"建立之前有"马来联邦"。马来联邦是1896年7月5日由彭亨、雪兰莪、霹雳与森美兰四邦合组而来,它们受英国保护,实际上属于英国控制范围。马来联邦的实权集中在以英国总驻扎官(1911年后改为首席部长)为首的联邦政府手中,总驻扎官从属于马来联邦高级专员(由海峡殖民地总督兼任),高级专员负责与英国殖民部联系。马来联邦还设统治者会议、驻扎官会议、联邦参议会(1927年改为联邦议会)。统治者会议于1897年举行。联邦参议会为立法机构,于1909年成立,由高级专员主持。非官方议员由高级专员提名,经英王批准后任命。联邦参议会并没有族群代表性。到1927年,在8名非官方议员中,有5名仍是欧洲人,有2名是华人,1名是马来酋长。"马来联邦"下辖诸邦均有一个相对独立的政府,由苏丹、英国驻扎官、顾问及邦参议会组成,但诸邦向联邦政府交出了大部分实权,包括税收权、财政权,地方苏丹的权力大为削弱。1877年9月11日,霹雳邦成立参议会,这是除海峡殖民地外,马来各邦中第一个立法机构。邦参议会主席由苏丹担任,成员包括英国派驻的驻扎官、主要的马来族酋长和两三名华人巨商,其主要工作是在立法方面,所有土邦立法均由其通过。1927年参议会改组为联邦议会后,马来统治者退出,但议会通过的法案均须经4个统治者签署才能生效。

所谓"马来属邦",是对马来半岛未参加马来联邦的各邦之统称,包括吉兰丹、吉打、丁加奴、玻璃市和柔佛5邦。其中前4个邦,即吉兰丹、吉打、丁加奴、玻璃市是根据1909年《英暹条约》由暹罗改属英国管辖。马来属邦下辖各邦在行政上各自为政,比马来联邦下辖各邦保留有较多实权,各邦政治体制也保留了较多的马来传统,但也受到时代影响,出现了一些新形式。柔佛邦则与前四者不同,它一直是历史上柔佛王国的统治中心,名义上由苏丹统治,但实际上也受到英国殖民者辖制。1895年,柔佛邦颁布了由英国律师起草的成文宪法,决定成立部长会议作为苏丹的咨询机构,成员须为穆斯林,同时决定设立邦参议会作为立法机构,成员仅限柔佛臣民,但不限信仰,后又增设行政会议,作为行政补充。但无论如何,马来属邦均须由英国顾问"协助"管理政务,实际上仍类似于驻扎官制度，名为顾问，实可左右苏丹决策。

一部分前海峡殖民地辖区，主要包括槟榔城、马六甲两地。早在19世纪，英国曾将所占领管辖下的几个不相连的属地——新加坡、槟榔屿、马六甲等合称为"海峡殖民地"，起初由位于印度加尔各答的东印度公司和印度总督管理，1867年移交给伦敦的殖民地事务大臣，其中槟榔屿与新加坡曾先后成为海峡殖民地的行政中心。第二次世界大战结束后，英国于1946年1月颁布白皮书决定组建"马来亚联合邦"，将槟榔屿、马六甲两地纳入其中，但将新加坡剥离出来，实行新马分治、区别对待，新加坡仍属英国的"直辖殖民地"。

所谓"新获得土地"，主要包括19世纪后半叶英国从荷属婆罗洲（即今加里曼丹岛）北部沿海一带的沙捞越、沙巴和纳闽地区。其中，沙捞越地区原由文莱王国苏丹统治，沙巴地区原本由西属菲律宾控制的苏禄苏丹统治，纳闽则是原属于文莱王国的一处南海小岛。1841年，英国探险家詹姆士·布鲁克（James Brooke）从文莱王国苏丹奥玛·阿里（Omar Ali）手中租借了婆罗洲北部沿海的古晋市（今马来西亚沙捞越州首府），此后不断从文莱苏丹手中取得领土，英国商人也开始在沙捞越殖民并向沙巴扩展。1881年，英国北婆罗洲公司控制沙捞越、沙巴地区并受新加坡总督辖制。1888年，整个文莱王国沦为英国的保护国，文莱承认沙捞越地区属英。至于沙巴，原本统治该地方的苏禄苏丹（效忠于西属菲律宾）一直不承认英国对沙巴领土的所有权，但事实是该地被英国人控制并由后来的马来亚联合邦、马来西亚联邦继承。纳闽于1846年被文莱苏丹割让给英国并被改名为"维多利亚岛"，1848年成为英国皇家殖民地，并于1890年1月1日被英国合并为英属北婆罗洲的一部分。1906年10月30日，纳闽被英国合并为海峡殖民地的一部分。1942年太平洋战争爆发，马来半岛（含新加坡）、北婆罗洲被日军占领，纳闽被改名为"前田岛"。第二次世界大战后纳闽于1946年加入新成立的"马来亚联合邦"。

五、族群骚乱与含泪独立

新马合并后,新加坡与马来西亚联邦政府之间的矛盾开始显现,双方在治国理念、族群利益和治理手段上的矛盾迅速扩大。1963年12月21日,新马政府之间第一次发生公开矛盾。李光耀批评马来西亚联邦政府的年度预算案没有给予新加坡提升社会福利足够的支持。按照新方观点,本来新加坡在合并前与马来亚政府谈判时就已提到设立单一市场,马来亚政府也曾同意在合并后逐步实行单一市场政策,前提是新加坡要给沙捞越和沙巴提供贷款。新加坡因此希望在合并后能够加强与马来亚其他地区的贸易。但由于印度尼西亚实行"对抗"行动,导致新加坡经济受到很大影响,而马来西亚联邦政府并没有按照计划对新加坡实行单一市场,于是新加坡决定延迟对沙捞越和沙巴贷款。双方均指责对方在拖延时间,不信守承诺。新加坡商人开始投诉联邦政府对其实行"歧视",没有给予其和其他州一样的待遇,反而对其实行配额限制。

在1964年12月联邦政府要求新加坡将上缴联邦的税收从40%增长到60%后,双方经济上的矛盾达到白热化。一方面,对于新加坡而言,"马来亚要我们上缴40%的关税收入给中央政府,协助婆罗洲及沙捞越的防务,而我们的货物如果不能推销到我们协助的地区,这是极不合理的";另一方面,新加坡对于联邦而言,又是收入最多而负担最轻的一个州,中央政府希望将新加坡上缴中央的税收比例从40%进一步提升到60%,原因是联邦更广阔地区的工业基础非常薄弱,亟须发展。按照当时联邦财政部部长陈修信的说法,"(联邦)共同市场带来的一个不可避免的结果便是,新加坡的工业发展要以牺牲马来西亚其他部分的利益为代价"。结果,建立共同市场变得遥遥无期,而新加坡上缴中央的税款也时常拖延。

被掩盖的政治分歧很快也浮出了水面。作为限制新加坡政治家影响力的手段,马来西亚联邦宪法规定新加坡公民不能参加马来亚地区的大选,而马来亚地区的公民也不能到新加坡从政,但这却无法阻止马来亚和新加坡的政党把自己的势力扩展到对方地盘。马来亚地区的主要政党巫统、马华公会、印度人国大党就在1961年在"泛马来亚"口号下宣布组建多党竞选联盟,并参加了1963年的新加坡州地方选举,意图改变新加坡的政治版图。竞选联盟原以为在新加坡的马来人将全力支持其掌控新加坡地方政权,然而结果却令其大失所望,竞选联盟不仅未添一席,反而将控制下的芽笼士乃、甘榜景万岸和南部岛屿3个选区大量选票输给了李光耀领导的人民行动党。这一结果引发马来西亚联邦首相东姑拉赫曼的不满,他甚至为此亲自到新加坡表达不满。双方的不愉快就此公开。

1964年,新加坡方面还以颜色,这年3月1日,人民行动党宣布成为全国性的政党并加入3月马来西亚联邦大选。虽然人民行动党声称自己只是象征性参选(只竞选9个国会议席),诉求是取代马华公会成为马来人核心政党巫统的华人合作伙伴。虽然李光耀本人反复表示自己没有政治野心,"……只要东姑在那里,他就是马来西亚的领导人",但马来政治势力对此仍难以接受。

人民行动党参加联邦大选的消息不啻是在政坛投下的一颗政治原子弹。在马来族群看来,李光耀这个强大的政治对手迟早有一天会取代现任联邦首相东姑拉赫曼的位置。东姑拉赫曼明确表示,巫统将与马华公会站在一起,"就算马华公会只有五个人,我们还是接受它为一个政治伙伴,但我们不接受其他朋友"。

在巫统的全力支持下,马华公会与人民行动党在选举中展开了对决。马华公会领导人马不停蹄地访问华人选区,许诺在经济上给华人以支持。这一切与新加坡大选时如出一辙,只不过主客易位。马华公会作为拥有大量政治资源的执政党最终大获全胜,赢得了所竞选的33个国会席位中的27个,而人民行动党却遭遇惨败,参选9个席位只赢得1席。然而,人民行动党加上此前在新加坡州选举中产生的12个国会议席,合计仍有13个联邦议席,仍是联邦议会最大的反对党,巫统与人民行动党的政治矛盾不降反升。巫统指责人民行动党造成许多马来人流离失所,陷入贫困化和低水平教育怪圈,新加坡华人与马来人在历史上形成的和睦相处状态也开始出现裂痕。恶意指责和彼此攻讦最终将1964年7月21日变为新加坡历史上的"黑色星期二"。

1964年7月21日下午1时30分,约2万名马来人聚集在政府大厦前大草场,准备进行纪念日游行。下午4时过后,游行队伍浩浩荡荡地沿着美芝路(Beach Road)、阿拉街(Arab Street)和维多利亚街(Victoria Street)步行到加冷路(Kallang Road),朝向芽笼士乃走去。此时因有一群人走散,华裔警员于是呼其归队,不料此举招来本已积怨在心的马来游行者不满,他们随即将该警员痛殴一顿。当芽笼士乃一带发生暴动的消息传开后,华人开始在全岛各个以华人居多的地区以牙还牙,攻击马来人。从傍晚6时半开始,小坡奎因街、维多利亚街、梧槽路及桥北路一带也发生族群暴乱。警方出动全部警力镇压。晚上8时23分政府宣布全岛进入

新加坡1964年"7·21"族群骚乱

紧急状态,并在9时30分实施全岛戒严。这就是新加坡历史上的"7·21"族群骚乱。事后统计,有23人死亡、454人受伤。联邦首相东姑拉赫曼、新加坡州总理李光耀、马来西亚副首相阿都拉萨均前往新加坡巡视,试图安抚民心。

然而,冲突并未停止。1964年9月2日,新加坡再度发生族群冲突。当天晚上,一名华人在东海岸被两名马来人以石头击伤。10分钟后,另一名华人也在同两名马来人一起下巴士时被两人攻击。政府不得不援引公共安全法令,宣布新加坡为"危险区"。冲突最终共致使12人死亡、109人受伤。马来西亚联邦政府与新加坡州政府的关系持续恶化。

1965年5月,人民行动党与其他主要反对党成立"马来西亚人民团结总机构",要求建立"马来西亚人的马来西亚",而非"马来人的马来西亚"。李光耀在5月3日的一次讲话中再次表达了这样的理念,即马来西亚联邦的三大族群马来族、华人和印度裔都不比其他族群更具土著性,各族群应该平等相待,共享繁荣。但马来社会却认为这是对他们自"马来联合邦"乃至更早的时期所一直享有并延续下来的马来人特权的挑战。巫统内一些情绪激动的人士甚至主张"逮捕"李光耀,而当时的英国报纸已将李光耀视为"马来西亚400万华人的领袖"。

作为温和派的东姑拉赫曼经过反复思考,最后得出一个结论:将新加坡与马来西亚联邦分开。东姑拉赫曼在日后回忆道,对于分家这件事,"我已经在早些时候向作为李先生代理人的吴庆瑞先生提到过,唯一的选择是分开……最后的选择对新加坡总理来说,总不是出乎意料的。他是准备而且愿意分开的"。

但李光耀并不愿分开,就像他一直自我表白的那样,"我不可能是一个马来人(实际上李光耀的马来语说得比东姑拉赫曼还好),但我可以是个马来西亚人",他希望建立一个包含多元种族文化的马来西亚。但东姑拉赫曼的决心已定,"我打定了主意,你们走你们的路,我们走我们的路……"

事情已无可挽回。

1965年8月9日上午10时,马来西亚国会下议院以126票赞成、0票反对的一边倒结果,以闪电般的速度通过新马分离议案。几小时后,上议院一致通过议案。就这样,新加坡脱离马来西亚联邦而独立。当李光耀向新闻界宣布新加坡独立时,他"痛苦地哭了,因为他半生为之奋斗的理想破灭了",但历史也记住了,1965年8月9日成为新加坡的独立日。关于新马分家的这段历史,李光耀后来在他的回忆录中写道:

> 一些国家原本就独立,一些国家争取到独立,新加坡的独立却是强加在它头上的……对新加坡来说,1965年8月9日不是什么值得庆祝的日子。我们从没争取新加坡独立……
>
> 要不是音乐广播中途暂停,这一天跟新加坡其他星期一早晨根本就没有两样。上午10点……流行歌曲突然中断,大为震惊的听众听到广播员庄严地读出一份宣言。这份宣言……改变了新加坡人民和马来西亚人民的生活:
>
> "自由与独立永远是人民的神圣权利……我,李光耀,以新加坡总理的名义,代表新加坡人民与政府,宣布从1965年8月9日起,在自由、正义、公平的原则下,新加坡将永远是一个自主、独立与民主的国家,在一个更公平、更合理的社会里,誓将永远为人民大众谋求幸福和快乐。"
>
> 紧接着是另一份宣言:"……余,马来西亚首相东姑拉赫曼,获马来西亚最高元首批准,谨此昭示,自1965年8月9日起,新加坡不再是马来西亚的一个州,它将永远成为一个独立自主的邦国,从此脱离并不再依赖马来西亚。马来西亚政府承认目前的新加坡政府是独立自主的政府,并将本着友好的精神与之合作。"
>
> 分家?为什么?怎么那么突如其来?新加坡岛成为新马来西亚联邦(也包括北婆罗洲地区的沙捞越和沙巴)的一部分,只不过两年光景。同一天上午10点,在新加坡以北250

英里的吉隆坡，东姑拉赫曼正在向马来西亚国会解释：

"我们最终发现，只有两条路可走：一、对新加坡政府或新加坡领袖采取镇压措施；二、同不再效忠中央政府的新加坡州政府断绝关系。我们现在采取的是第二条路。"

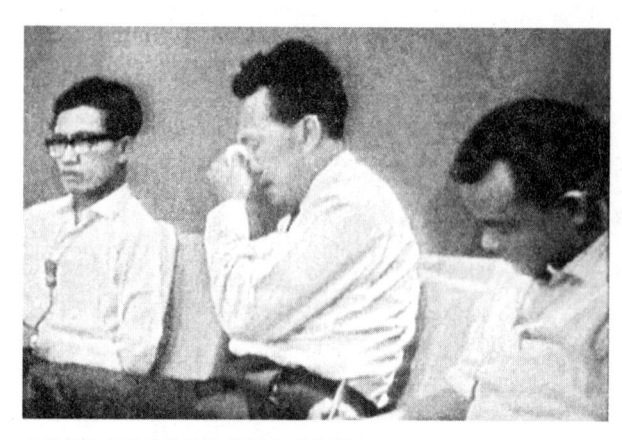

诚然，新马分家的结局难以避免，不是李光耀和人民行动党不尽力，而是新马两大族群的理念和利益差别实在太大了。理想化的政治目标最终让位于政治现实。

其实，早在第二次世界大战结束后，英国主导成立的"马来亚联合邦"和"新加坡自治邦"，就按照马来人和华人各自治理的思路做出了设计。1963年新马合组的"马来西亚联邦"，总人口达到约1 000万，其中43%为马来人和原住民，42%为华人（其中，新加坡华人约100万，马来亚地区的华人约300万），10%为印度人，剩下的为其他族裔人士。总体来看，马来人虽主导了联邦政治，但华人数量与马来人却旗鼓相当甚至更多，在经济上的影响力更是超越其他族群，政治上日益形成与马来人争夺国家政治主导权之势，这是马来人及其政党团体所难以接受的。这种根本性矛盾难以调和，最终导致双方的矛盾由口角和摩擦升级为骚乱，于是马来人政治力量将新加坡"踢出"联邦，新加坡宣布独立。

新加坡虽取得了独立，但它毕竟是一个面积仅有数百平方千米的城市国家，连基本的淡水和粮食都无法自给，生存环境可谓脆弱至极。没有广大的腹地和资源作为依托，要想更好地发展自己谈何容易！因此，理性而睿智的新加坡领导人实不愿脱离联邦，李光耀在宣布新加坡独立时潸然泪下的根本原因也在于此。正如他

李光耀在新马分离协议签署仪式上落泪

在回忆录中所写:"在这样的世界里,新加坡没有腹地,就连我们的饮用水也来自柔佛州,该怎么生存下去?"他甚至还说道:"对新加坡来说,1965年8月9日不是什么值得庆祝的日子。"

对于当时的李光耀,除了壮志难酬的郁闷,还有无比沉重的压力。新加坡位于马六甲海峡端口,南北被马来西亚和印度尼西亚两大国家包夹,完全无力保证自身安全。更何况,它还是一个以华人为主的国家,在当年的国际氛围下,四周全是投向华人的怀疑和警惕的目光。当时外国评论都预测,独立后的新加坡"将走投无路"。面对这样的窘境,李光耀身上的压力可想而知。新加坡曾是大英帝国整个东南亚殖民体系的"心脏",然而现在这颗"心脏"却骤然失去了"躯体"的保护,只能在太平洋西岸孤独地跳动。

获得新生的新加坡虽难以获得马来西亚的更多资源,但也可依托自己的地理优势,集中力量发展国际航运、转口贸易和石油加工提炼等工业,同时摆脱政治内耗,推动高效施政,为未来的发展奠定新基础。

新马虽分离了,但它们之间的联系却是割舍不断的。直到今天,新马水供问题、铁路问题、航空管理问题、新柔大桥问题、岛礁与毗邻水域争议问题等依然是"剪不断、理还乱"。就连今天活跃在马来西亚政坛的民主行动党,也由当年人民行动党的分支机构发展而来。新马这种"一根藤上两个瓜"的"兄弟之邦"的特点,正是千百年来马华两大族群相依相存、共荣共生的真实写照。

新加坡华文报纸报道国家独立

六、战后初期新加坡的经济

从 1819 年到 1959 年,新加坡经历了 140 年的英国殖民统治。从第二次世界大战结束至 1959 年是新加坡在英国统治下的最后岁月。然而在这一时期,英国仍只把新加坡作为其殖民地体系下的一个转口贸易地来经营,导致当时新加坡对外贸易的 90%—95% 为国际转口贸易,这些贸易养活了新加坡 70%—75% 的劳动力,占到国民经济的 80%—85%。

英国殖民体系下的转口贸易给新加坡带来了经济繁荣,促进了其交通设施的建设、加工工业的发展及金融投资的活跃。但这种繁荣是殖民地体系下新加坡严重缺乏自我造血功能、以牺牲其他产业发展为代价的畸形繁荣。换句话说,英国殖民者并没有意愿也没有需求在新加坡建立完整的经济体系,只不过是利用新加坡多年的自由港地位,将其当作英国在远东的货物集散中心、转口贸易中心罢了。与此相比,其他产业和经济部门在新加坡退居次要地位。例如,当时新加坡的第二产业主要是制造业和建筑业,这两者合计仅占新加坡国民经济总量的约 17%,即使到 1959 年新加坡自治时,制造业也仅占其经济总量的 8.63%。单一的转口贸易型经济也使 20 世纪 50 年代的新加坡严重依赖国外市场,深受国际市场及国际资本波动的影响。例如,随着第二次世界大战的结束,1952 年世界各国对橡胶和锡的需求锐减,导致新加坡的贸易一度处于停滞状态,与贸易相关的其他产业发展也受到严重阻碍。

随着新加坡的近邻印度尼西亚 1945 年宣布独立并于 1949 年最终迫使荷兰殖民者承认其独立,以及"马来西亚联合邦"于 1957 年获得独立,新加坡的东南亚邻国纷纷出台保护民族产业的经济政策,这更加重了新加坡因英国殖民体系所受到的发展制约。例如,橡胶和锡原本占新加坡对外贸易约 50%,其中橡胶大多来自马来亚和印度尼西亚。随着两国的独立,为改善本国贸易结构,马来亚和印度尼西亚两国均将出口口岸从新加坡转到本国,甚至直接与别的国家开展橡胶和锡制品交易。这对新加坡依托英国殖民体系的贸易而言可谓重大打击,导致新加坡橡胶和锡制品出口从1950年的53.29%下降到1958年的34.83%。这样的经济形势,更加重了新加坡民众对殖民地状态的不满,进一步强化了当地民众要求脱离英国殖民体系、寻求自治与独立的呼声。

20世纪50年代的新加坡街头

与此同时,新加坡在20世纪四五十年代迎来了战后第一波"婴儿潮"。随着第二次世界大战的结束、和平的降临以及医疗卫生水平的提升,加之受华人多子多福传统观念的影响,这一时期新加坡的人口出生率保持在4.75%—5%的较高水平,而同期保持人口较快增长的新中国人口增长率则仅有2.3%。急剧增长的人口带来了严重的社会问题,失业问题就是其中之一。1957年新加坡失业率为4.9%,仅仅两年后的1959年失业率就飙升到13.2%。就业难成为政府面临的主要挑战之一,也成为引发社会动荡的重要原因之一。

20 世纪 50 年代新加坡人举行的集体婚礼,这在当时很常见

此外,住房拥挤问题也进一步凸显。1953 年新加坡《海峡时报》曾有报道预测,"今后 10 年内将会有 11 万家庭连一间住房都没有","房荒"成为大众关注的焦点之一。失业和住房拥挤进一步激发了民众对殖民地境遇的不满,各行业罢工数量急剧上升,社会更趋不稳,这也成为当时反殖民运动风起云涌的重要原因之一。

1959 年李光耀当选自治政府总理后,新加坡人首次可以按照自己的意愿来独立思考和探索摆脱殖民地禁锢、发挥自身优势的发展之路。于是从 1959 年自治到 1965 年独立,人民行动党政府经过深思熟虑,提出了大力发展进口替代产业的经济政策,这一时期也被称为新加坡的"进口替代期"。

具体而言,人民行动党倡导的进口替代路线是以工业化为中心,带动经济多元化变革,以此改变单一的转口贸易型经济结构;政府斥巨资发展基础设施和公共事业,并积极鼓励民营资本发展劳动密集型产业,实现进口替代,从而促进自主多元经济的发展。

李光耀曾在回忆录中形象地描绘了当时政府出台上述政策的思路:"我们从 1959 年第一次执政开始,便一直扛着失业问题的包袱——那么多的年轻人在寻找工作,却没有工作可以应付他们的需求","经过几年的努力,我的内阁同僚们都知道,要生存的唯一办法是推行工业化。新加坡的转口贸易已经到达极限,往后会进一步式微。印度尼西亚仍然跟我们对抗,马来西亚决意避开新加坡。我们想方设法,愿意尝试任何切实可行的点子,只要能制造就业机会,我们不必负债过日子就行。一位饮料制造商向我建议推动旅游业。这种行业属于劳工密集型,需要厨师、女佣、侍应生、洗衣工人、干洗工人、导游、司机和制造纪念品的手工艺人,最理想的是发展这个行业所需的资金很少……令我感到欣慰的是,这个行业倒制造了不少的就业机会,给许多空空如也的口袋带来一些收入。它固然使失业人数减少,却无法彻底解决问题。为此,我们集中精力,设法招商到这里设立工厂。尽管新加坡只有200万人口,国内市场很小,我们却保护本地装配的汽车、冰箱、冷气机、收音机、电视机和录音机,希望日后这些产品当中有部分会在本地制造。我们鼓励本国商家开设小型工厂,制造植物油、化妆品、蚊香、发膏、金银纸,甚至是樟脑丸!我们也吸引了香港和台湾的投资者,到这里来开设玩具厂、纺织厂和制衣厂。"

万事开头难。从1961年开始,新加坡推行了一连串举措发展工业及经济,通过引进外资开设工厂、开拓非洲市场等手段,白手起家、创业打拼,为新加坡的经济找到了发展之路。新加坡开始尝到新经济的"甜头"。其后,国家又引入了金融、石化、电子工业、重工等产业,推动制造业由"轻"变"重"、由低到高发展完善。

七、战后初期新加坡的文化运动

从1945年日本投降至1959年取得自治、1963年与"马来亚联合邦"合并,新加坡在文化领域掀起了轰轰烈烈的反帝反殖民主义和多元民族和谐共生运动,在这一时期涌现了大量涉及华人、马来人和印度人三大族群的文艺作品,这些作品在凝聚人心、鼓舞人民的斗志和塑造民族国家的精神内核方面起到了重要推动作用。

新加坡文学界涌现出一批以描绘抗日战争地下活动为主要内容的优秀英文小说,如陈基安的《无声的敌人》(又名《马来亚》,

1952年)、尼维·刹特的《一个像艾丽丝的小镇》(1950年)、迈克·强的《榴树》(1960年)、葛烈维尔的《鼠王》(1962年)和烈斯李·托玛斯的《娘子军》(1966年)。

与此同时,马来裔作家马苏里、玛斯等于1950年8月创立了"五十年代作家行列"。他们坚持"为社会而艺术"的创作原则,向大众传播了强烈的民族解放思想,也被人们称为"五十年代派"。其中,马来裔诗人马苏里写下了热爱乡土和民族的诗集《白云》(1958年)、《时局的色彩》(1962年)和《苦花》(1962年),作家哈伦·阿米努拉锡以1511年马来人反抗葡萄牙殖民者的英雄事迹为题材写成了小说《阿旺元帅》及其续集《阿旺元帅之子》,马来裔小说家苏拉特曼·马卡山的短篇小说《没有出路》(1958年)则生动地描写了一位马来舞女的不幸遭遇,引起了人们对殖民地人民悲惨遭遇的广泛同情。值得一提的是,这一时期马来文学的中心并不在马来亚联合邦,而是在新加坡。直到1965年新加坡独立,不少马来裔作家才开始回迁马来西亚,马来文学的中心才逐步由新加坡转至吉隆坡。

战后新加坡的华人文学也迅速兴起。事实上,第二次世界大战甫一结束,新加坡的华文写作者们就于1945年底成立了"星华写作人协会",但因英国殖民当局颁布紧急法令,该协会随即被解散。1947年底,新加坡华人成立了"星华文艺协会",但再次因殖民当局的紧急法令而被解散。然而,殖民者的阻挠并不能影响战后新加坡华人文学的发展轨迹。新加坡华文文坛在此后涌现了不少描写劳苦大众特别是老一辈华侨苦力、矿工、割胶工和农民的优秀作品。代表作有李过(原名李今再)的中篇小说《大港》(1959年)、《新垦地》(1960年)和长篇小说《浮动地狱》(1961年),苗秀(原名卢绍权)的中篇小说《新加坡屋顶下》(1952年)等。

随着反帝反殖民主义运动的深入发展,其他形式的文艺作品也被开发了出来,其中就包括以新加坡华人、马来人和印度人三大族群为基础的多元族群舞蹈。此前,殖民者对马来人、华人、印度人等各族舞蹈采取排斥和压制政策,战后却再难阻挡各民族通过自己的舞蹈表达民族独立之声。

这一时期,华人的舞狮、舞龙、红绸舞、采茶舞、荷花舞、剑舞等开始更多地走上街头和舞台,并受到人们的欢迎。1947年8月,中国歌舞剧艺社到新加坡和马来亚巡回演出300余场,引起了轰动,组织者应邀为当地民众进行了数十次培训和指导,对新加坡华人舞蹈的发展起到推动作用。

20世纪50年代,新加坡民众响应工会组织"创造新文化"的号召,为了塑造新的国家身份认同感并打造各民族和谐共融的新理念,开始编排本地题材的舞蹈节目。例如,在为南洋大学募集资金的过程中,许多华人学校和文化团体就联合起来编排了大量义演节目,其中除华族舞蹈外,还包括马来舞、印度舞等。因为他们已经认识到,在争取独立的斗争中,各民族文艺团体只有通过象征性的舞蹈联排联演形式,才能表达出团结必胜的意志。

其中,由新加坡华侨中学于1958年创作的舞剧《一个村庄的故事》,就是这一时期的代表作。这部作品以马来椰壳舞开始,继之以一群不同族群的孩子共同嬉戏的场面来表现多元族群在新加坡和谐共处的文化传承。随后,一组手持水罐的印度裔女孩来到河边,与几位正在浣衣的华裔村姑开始在潺潺的溪水间嬉戏。这时,一群金发强盗突然闯入了静谧的村庄,村民的安全受到了威胁,不同族群的青年男女开始奋起抗敌,最终将入侵者成功赶出了家园。为了创作该舞剧,编创人员曾到巴斯卡舞蹈学院专门学习印度古典舞和现代民间舞,并向1957年从印度尼西亚请来的舞者学习马来舞。整台舞剧由不同族群和文化背景的舞者同台献艺,跨民族、跨文化的表演精彩纷呈、水乳交融,构建出一幅迥异于殖民地时代风貌的多元文化共存共融的全新画面。

此后,新加坡舞蹈工作者还编导了舞剧《阿里和法蒂玛》,这是由华人编导并表演的马来人爱情故事,得到了马来舞蹈家农仄加尼的协助并受到了马来观众的热烈欢迎。

文艺是社会生活的生动反映。1959年新加坡自治后,执政的人民行动党继续倡导多元文化理念,并根据新的现实,坚持兼容并蓄。文艺创作者在中华文化、马来文化、印度文化的基础上又加入了西方元素,从而创造性地组织排演了包含华人、马来人、印度人各族群舞蹈和西方芭蕾舞的"人民联欢之夜"环岛系列巡演,受到了新加坡各族民众的热烈欢迎,将当时的新加坡文化创作推向了高潮。这些演出以富有新加坡特色的卡车后车厢为舞台,使用简单的声光设备,一路载歌载舞、引人入胜,不仅具有很高的观赏价值,还具有极强的说服力,增强了人们对多元族群和谐共生新理念的认同,加强了各族群对新生的国家的认同。

作者点评

新加坡战后从殖民地到自治,再到合并,再到最终完全独立,一路走来充满艰辛与曲折。那是一个英雄辈出的时代,也是一个时势造英雄的时代,新加坡国父李光耀的脱颖而出是新加坡人民的选择,也是历史的必然。

新马两国在历史上都与古马六甲王国、柔佛王国有着千丝万缕的联系,因此两者走到一起并非空想。事实上,也正是抱着这样一种伟大的情怀和美好的理想,李光耀和东姑拉赫曼——新加坡和马来西亚的两位国父、20世纪东南亚华人和马来人的两大政治家,试图将饱经殖民主义践踏的新加坡和马来亚融合为一个伟大的联邦,从而重现古马六甲王国、柔佛王国的风采。然而,他们的努力最终因纷繁复杂的现实而被迫成空。李光耀一直认为新加坡独立是很无奈的事情,因为新加坡原本就不具备独立建国的条件,然而现实的政治环境与利益冲突迫使新加坡人不得不学着自己走路。带领新加坡人实现独立的李光耀无疑是伟大的,然而他的伟大不仅在于他善于创造一个新世界,更在于他善于建设一个新世界。接下来的半个世纪,在新加坡探索有自己特色发展道路的过程中,人们进一步领略到他的雄才伟略。

第五章

独立后的新加坡

一、李光耀执政初期(1965—1969):走出务实发展新天地

1965年8月9日,新加坡宣布脱离马来西亚联邦、成立"新加坡共和国",开始走上独立探索国家发展的道路。然而,作为一个自然资源禀赋先天不足的城市国家,离开了马来西亚这个腹地,新加坡能否作为独立的国家生存下去,当时的世界对此怀有诸多疑问。除了担心其与马来西亚的主权纠纷外,国际社会还关注新加坡独立之初的土地与自然资源短缺问题、民生问题以及社会稳定问题。当时新加坡的失业率高达12%,左翼社会主义阵线组织工人运动、宣布抵制议会,社会随时可能发生骚乱。这时的前殖民宗主国英国也向新生的新加坡共和国招手,允诺只要肯"合作",就向新加坡提供可观的"援助"。

在压力和利诱面前,人民行动党政府很快做出了自己的回答。李光耀表示,"我们是被踢出联邦的,因此新加坡人一定要自强"。他明确提出,新加坡人要成功,就必须依靠自力更生,"国际社会没有责任为我们提供生计,我们不能够靠讨饭钵过活"。他郑重劝诫国人,绝不能有依赖外部援助的心态。对新加坡而言,外援只能通过推动本地工业发展从而给人们提供更多的就业机会,而不能将

外援视为外部力量给予新加坡的恩赐与施舍,更不能使新加坡人对不断注入的援助产生单向的依赖。这一决定非常具有远见卓识,也显示了李光耀的骨气。

那么,新加坡该如何自力更生呢?依托于英国殖民体系之下的转口贸易显然已经走不通,新加坡需要另辟蹊径。李光耀在这一时期进行了艰辛的探索和反复的权衡。经过几年令人泄气的反复摸索,李光耀认为新加坡应该把最大的希望寄托在美国跨国企业身上。20世纪60年代中国台湾和中国香港人到新加坡设厂,带来了低科技工业,如纺织厂和玩具厂等,这些属于劳工密集的工厂,规模不大。美国跨国公司到新加坡设立的是高科技工厂,规模大,能制造许多就业机会。它们够分量,有信心,新加坡人相信美国人会持续留在东南亚,他们的资产有所保障,不怕被人没收或蒙受战争的损失"。

然而,战后美国的跨国公司也遭到经济界的诟病。发展经济学学者当时普遍把跨国公司看成廉价土地、劳工和原料的剥削者。这类"依赖学派"经济学家的论点是,跨国公司延续殖民主义的剥削方式:发展中国家把原料卖给先进国家,反过来向他们购买消费品;跨国公司支配科技和消费者的选择,勾结所在国政府一起剥削和压制人民。但是李光耀和吴庆瑞(曾任新加坡副总理,被称为"新加坡工业之父")面对国内实实在在要解决的问题,决定一试,反正新加坡也没有天然资源可供跨国公司剥削,有的只是勤劳的人民、良好的基础设施和决心做到诚实称职的政府。新加坡政府定位自己的责任是为新加坡200万人提供生计。如果跨国公司能让他们的工人获得有报酬的工作,并教授他们技能、工程技术和管理的技巧,他们就把它们争取过来。

于是,这种经济发展理念指导了新加坡独立之初的经济发展。事实上,如前所述,李光耀在1959到1965年就依托英国殖民体系实施了进口替代战略,在最终取得独立地位后的1966到1970年,又开始实施鼓励劳动密集型产业发展的经济战略,重点吸引西方跨国公司的资金和技术，大力发展出口导向型产业。1961年，新加坡设立了经济发展局，致力于推动和落实国家经济发展方针，重点发展制造业。1968年新加坡政府决定成立裕廊工业区管理局，国会还通过了相关配套法规，授权该管理局不仅负责裕廊区工业发展事宜，还兼管加冷、红山和大巴窑等地的轻工业基地。其主要职责包括为工业区提供管理和监督服务，为企业和国民提供必需的生产和生活设施，为厂家提供进出口帮助和技术咨询等。管理局负责对工业园区进行统一规划和布局，开展基础设施建设，明确发展方向，对企业进行管理并提供灵活多样的协调合作。此外，管理局还负责为厂商提供优惠用地，建造标准厂房并出售或出租给外商及投资企业，甚至向厂商提供设备，建立资讯网络等。为吸引外资，政府还决定给予外国企业优惠待遇。同年，经济发展局重组，裕廊镇管理局、新加坡发展银行（星展银行）也在该年成立。

20世纪60年代末的新加坡街景

民生方面，住房紧缺问题也得到了缓解。1961年，新加坡河水山贫民窟发生大火，导致多达1.6万人流离失所。建屋发展局宣布负责修建政府组屋并廉价提供给民众。直至今天，建屋发展局仍然在为民众修建组屋和新镇，现在有超过80%以上的新加坡居民均居住在组屋里。

工业化的迅猛发展使新加坡的制造业在短短10年内迅速成长为世界主要电子产品出口国。到1969年，新加坡已基本形成了以劳动力密集型工业为基础的工业结构，从英国殖民地时期的原料供应地成功转变为新兴来料加工生产地。

作为世界主要港口之一的新加坡成功吸引到了壳牌、埃克森美孚等著名石油公司，成为世界第三大炼油国。

毛广岛是新加坡西南部一座小岛，距新加坡主岛5千米，面积1.45平方千米，由大、小毛广岛两个岛组成，两岛间有两座栈桥联系。该岛原为新加坡海峡中的淡水供应地，曾称"淡水岛"，1891年辟为罐装煤油屯储站，俗名"火水山"。1961年新加坡在大毛广岛上建立了第一座炼油厂，为当时亚洲最大的炼油厂及东南亚最大的储油站。毛广岛至今仍是新加坡重要的化工基地之一，荷兰皇家壳牌石油公司在该岛上建立的炼油设施是该集团全球最大的炼油基地之一。

今日毛广岛

为提供更有竞争力的工作团队,新加坡教育部也在这一时期正式决定以英语为主要教学语言。

二、李光耀执政中后期(1970—1989):新加坡实现经济腾飞

到 20 世纪 70 年代初,新加坡虽已初步摆脱了对殖民地时期单一经济体系的依赖,但尚未找到适合自己的发展之路。李光耀和吴庆瑞认为,总体偏重劳动密集型的工业布局虽对新加坡摆脱旧的经济秩序、改变英国殖民体系下的原料生产国地位起到了良好的推动作用,但并不适合新加坡未来的发展,相关政策注定只能是过渡时期措施,今后还需着眼于长远发展提高经济效益、推进国家高科技产业发展。

为此,李光耀对当时的亚洲时局和世界形势做了分析。他认为,东南亚的泰国、印度尼西亚、马来西亚、菲律宾等国劳动密集型产业开始发展,纷纷对外敞开大门,大力吸引外投,加之劳动力充足、工资成本普遍较低,正在成为新的"热土"。与此同时,日本、韩国和中国的香港与台湾地区等新型经济体开始崛起,西方国家经济结构也在调整,纷纷进入高速增长期。总体上看,国际市场正在形成更加激烈的竞争状态,在一定程度上对新加坡的国际竞争力产生新的挑战。有鉴于此,李光耀提出,"我们的裕廊工业区不能老是停留在劳动密集型的水平上,要来一场科技密集的改革,不然我们就会落后。我们要逐步进入资讯网络社会,建立起软件发展中心和电脑制造中心,使新加坡成为东南亚未来的硅谷"。

于是,目光敏锐的李光耀在 1979 年 7 月提出了"经济重组战略"。他表示,"旧的方法已不适用,推行新经济策略势在必行。重组经济战略只许成功,不许失败",强调必须抓住"新的工业革命"的机遇,将目光转移到芯片制造及其他高科技产品,以便应对国际廉价劳动力的挑战,实现新的转型发展。1980 年,李光耀在庆祝新加坡独立 15 周年大会上表示,"我们不能以过去 15 年的成就而

自满,时代是进步的,形势不断发展,我们要谋求生存,确保成功,不能拘泥不变,我们要适应变化的经济形势。过去15年我们在工业化进程中成绩卓越,为人共视。我们的工业生产已增长到国民生产总值的35%,已经达到发达国家的标准。新加坡的进出口贸易总额也超过东南亚各国。但是,现在国际竞争越来越激烈,我们需要第二次工业革命,从劳动密集型工业进入高科技工业,即实行机械化、自动化、电脑化,向高度精密工业迈进"。其具体措施包括制订和实施十年经济发展计划(1971—1980),其核心主张是:

调整外商投资政策。对以往颁发的多项法令进行修改,有针对性地取消了食品、纺织、木材等技术水平较低产业的优惠待遇,开辟工业区,引导外资将技术投向高科技的机械制造业、电子仪器、微型轴承等精密工业领域;积极发展炼油、造船业和电子、机械、纺织等工业;根据自身特点,努力发展金融、航运和旅游业,推动经济结构现代化。

加强基础设施建设。政府投入大量资金兴建基础设施,修建煤气、供水、供电系统;投入资金到公共交通和公共住房等项目,鼓励建筑业发展;建立8个卫星镇,并对城市进行大规模重建,使70%以上居民都住进政府修建的组屋(廉租房)里;此外,还兴建了深水港和集装箱码头,1981年扩建后的樟宜机场投入运营并成为东南亚最重要的航空站,新加坡航空公司成为区域主要航空公司;修建了新加坡地铁系统,改善了邮政通信系统。

大力开发人力资源。技术密集型工业的发展对劳工的技术水平要求更高,工人工资的提高也增加了产品的成本。基于这些原因,新加坡政府决定提高社会劳动力的整体素质,否则本国企业在国际市场的竞争力将被削弱。为此,新加坡经济发展局决定与跨国公司联合设立技术培训中心,对参与培训的外国公司给予政府补贴。新加坡经济的快速发展,不仅解决了本国劳工的失业问题,而且也吸引了大批外籍劳工蜂拥而至。因此,新加坡政府决定对技术水平较低的外籍劳工征收"客工税",以鼓励高技术人才的引进。

在整个20世纪70年代和80年代上半叶,新加坡经济发展迅速,技术密集型产业迅速增多,劳动生产率、生产技术水平和产品质量持续提升,产品国际竞争力不断增强。在这一时期,电子产品研发和设计、电脑附件制造成为新加坡的先导产业。第三产业也开始向专业化、系列化、高效化方向发展,并反过来促进了商业的进一步繁荣。这一时期新加坡基本实现全民就业,人民生活水平得到大幅度提高,住房、教育、交通等问题逐渐得到解决。这些政策不但使新加坡稳定下来,且在经济和教育上获得很大的发展。到80年代中期,新加坡已经成长为世界闻名的新兴经济体,与同属儒家文化圈的韩国以及中国香港地区、中国台湾地区并称为"亚洲四小龙"。

1990年,李光耀卸下总理职务,出任内阁资政,吴作栋继任总理。

三、吴作栋执政前半期(1990—1996): 锐意进取实现产业再升级

历史将新加坡发展的重担交到了吴作栋的手里。这时的新加坡虽然在李光耀执政的20世纪60—80年代创造了快速发展和经济腾飞的奇迹,但也遭遇不少新的挑战:西方国家经济停滞、市场萎缩、贸易保护主义抬头,影响了新加坡的进出口贸易;周边国家经济也有较快发展,走向工业化,推行出口导向型工业,使新加坡原有的产业优势有所流失。事实上,早在李光耀执政后期的1984—1985年,新加坡就出现了严重的经济衰退,此前美国经济衰退导致其对新加坡进口需求减少,新加坡经济经过超高速发展后,以建设投资为中心的国内投资出现下降。1985年新加坡国内生产总值增长率为-1.6%。新加坡必须审时度势、面对挑战,制定新的经济发展战略。

与此同时,经过独立之后近30年的发展,截至1990年,新加

坡已具备了更高的整体竞争能力,成为跨国公司认可、各大企业和金融机构云集的国际枢纽。此时的新加坡企业也已积累了一定的资金、技术、品牌和声誉,需要政府适时鼓励和引导其放眼世界、走出本国、投资海外,探索更广阔的国际市场。为实现上述目标,新加坡政府制定了一系列具体措施:

加强政府推介和引领。政府领导人专程出访日本、韩国、美国及欧洲各地介绍新加坡的投资环境,新加坡经济发展局还选派优秀人才在西欧、美国、加拿大、日本等地设立了17个办事处,吸引外商投资并开发高科技产品。

修改工资政策,转而实行高工资。新加坡政府认为,低工资固然可增加企业利润,但却不能鼓励企业向高科技发展。为加快产业结构的合理化,必须大幅提高员工工资,迫使企业进行技术改造,淘汰劳动密集型产业和落后工艺,向技术和资金密集型产业转换。

鼓励外资投资高科技产业,对新兴产业实施多种优惠。具体有11个产品项目,作为之后10年的发展重点,包括自动化器材元件、机械设备、医疗器材、化学药品、电脑软硬件、光学仪器、电子设备、水电控制产品等。

鼓励研发新产品。根据政府建议,新加坡国会修改了《所得税法案》,规定用于科研、开发项目的支出可获得双重减税;用新技术更新设备的工厂可提前折旧。为给科研工作提供良好的环境,政府还决定在新加坡国立大学附近开设科学技术工业园,成立国家电脑委员会,负责引进外国专家,培训科技人才,开展技术研发。

加强技术培训,提高人口素质。政府认为新加坡缺乏自然资源,但有一定的人力资源可供发掘,因此需充分挖掘现有人力资源,提高人才素质,才能保证"第二次工业革命"成功。为此,新加坡政府决定推进教育制度改革,调整和扩充高等学府,提高教学水平;举办各种大专学校培训班,培养专业人才;与国外跨国公司联合举办各类培训中心。

四、吴作栋执政后半期(1997—2004):成功应对两次危机

1997—1998年始于泰国、韩国的亚洲金融危机严重冲击了新加坡的发展。

1997—1998年亚洲金融危机

1997年7月2日,亚洲金融风暴席卷泰国,泰铢贬值。不久,这场风暴先后侵袭马来西亚、新加坡、日本和韩国等亚洲多国。这场金融危机经历了三个阶段:

第一阶段(1997年7月至12月)。1997年7月2日,泰国宣布放弃固定汇率制,实行浮动汇率制,引发了一场遍及东南亚的金融风暴。当天,泰铢兑换美元的汇率下降了17%,外汇及其他金融市场一片混乱。在泰铢波动的影响下,菲律宾比索、印度尼西亚盾、马来西亚林吉特相继成为国际炒家的攻击对象。8月,马来西亚放弃保卫林吉特的努力。一向坚挺的新加坡元也受到冲击。印度尼西亚虽是受"传染"最晚的国家,但受到的冲击最为严重。10月下旬,国际炒家移师国际金融中心中国香港特区,矛头直指香港联系汇率制。中国台湾地区宣布弃守新台币汇率,一天贬值3.46%,加大了对港币和香港股市的压力。10月23日,香港恒生指数大跌1 211.47点;28日,下跌1 621.80点,跌破9 000点大关。面对国际金融炒家的猛烈进攻,香港特区政府重申不会改变现行汇率制度,恒生指数上扬,再上万点大关。接着,11月中旬,东亚的韩国也爆发金融风暴,17日,韩元对美元的汇率跌至创纪录的1 008∶1。21日,韩国政府不得不向国际货币基金组织求援,暂时控制了危机。但到了12月13日,韩元对美元的汇率又降至1 737.60∶1。韩元危机也冲击了在韩国有大量投资的日本金融业。1997年下半年日本的一系列银行和证券公司相继破产。东南亚金融风暴演变为亚洲金融危机。

第二阶段(1998年1月至7月)。1998年初,印度尼西亚金融风暴再起,面对有史以来最严重的经济衰退,国际货币基金组织为印度尼西亚开出的药方未能取得预期效果。2月11日,印度尼西亚政府宣布将实行印度尼西亚盾与美元保持固定汇率的联系汇率制,以稳定印度尼西亚盾。此举遭到国际货币基金组织及美国、西欧的一致反对。国际货币基金组织扬言将撤回对印度尼西亚的援助。印度尼西亚陷入政治经济大危机。2月16日,印度尼西亚盾同美元比价跌破10 000∶1。受此影响,东南亚汇市再起波澜,新元、马币、泰铢、菲律宾比索等纷纷下跌。直到4月8日印度尼西亚同国际货币基金组织就一份新的经济改革方案达成协议,东南亚汇市才暂且平静。1997年东南亚爆发的金融危机使得与之关系密切的日本经济陷入困境。日元汇率从1997年6月底的115日元兑1美元跌至1998年4月初的133日元兑1美元;5月至6月,日元汇率一路下跌,一度接近150日元兑1美元的关口。随着日元的大幅贬值,国际金融形势更加不明朗,亚洲金融危机进一步加深。

第三阶段(1998年7月至12月)。1998年8月初,乘美国股市动荡、日元汇率持续下跌之际,国际炒家对中国香港特区发起新一轮进攻。恒生指数一直跌至6 600多点。香港特区政府予以回击,金融管理局动用外汇基金进入股市和期货市场,吸纳国际炒家抛售的港币,将汇市稳定在7.75港元兑换1美元的水平。经过近一个月的苦斗,使国际炒家损失惨重,无法再次实现将香港作为"超级提款机"的企图。国际炒家在香港受到严厉打击的同时,在俄罗斯也遭到重创。俄罗斯中央银行8月17日宣布年内将卢布兑换美元的汇率浮动幅度扩大到6.0—9.5∶1,并推迟偿还外债及暂停国债交易。9月2日,卢布贬值70%,俄股市、汇市急剧下跌,引发金融危机。俄罗斯政策的突变使在俄罗斯股市投下巨额资金的国际炒家元气大伤,并带动美欧国家股市、汇市剧烈波动。此时,亚洲金融危机超出区域范围,开始具有全球意义。

1999年,金融危机结束。

亚洲金融危机影响深远,它是继20世纪30年代世界经济大萧条之后,对世界经济有深远影响的又一重大事件。这次金融危机反映了世界和各国的金融体系存在着严重缺陷,也暴露了一些亚洲国家经济高速发展背后的深层次问题,不过也为推动亚洲发展中国家深化改革、调整产业结构、健全宏观管理机制提供了契机。亚洲发展中国家经济成长的基本因素仍然存在,特别是中国承诺人民币不贬值,为本地区做出了重要贡献。在随后的几年里,亚洲各国经过共同努力,很快克服了内外困难,使经济形势迅速得到好转并取得了新的发展成绩。新加坡也在此行列。

危机中,由于世界电子工业需求下降,加之新加坡劳动力成本过高等诸多因素,许多跨国公司关闭或转移了设在新加坡的分支机构。著名的裕廊工业园一夜之间冒出了许多空置的厂房。生产磁盘驱动器的巨型跨国公司希捷科技向新加坡以外迁移了2家工厂,使新加坡从原来占据世界磁盘驱动器总产量的73%跌至50%。1998年,新加坡经济增长率降到1.5%,部分企业亏损,失业率上升至3.2%,国家财政收入减少7.8%,外汇市场交易额下降16%,对外贸易总额下降7.5%。

面对外部环境的变化和冲击,面对国际低劳动力成本的竞争,新加坡开始思考并着手调整产业结构:减少对低端电子业的依赖,吸引和发展高端电子产业和产品;瞄准、引进和发展生命科学及环境保护等新兴产业,充分发挥新加坡洁净的空气和一流生态环境的优势,引进生命科学、环境保护产业,打破新加坡制造业只局限在电子、精密机械、炼油、石化、造船等领域的禁锢;下大力气推动水务产业,把新加坡打造成全球污水处理技术和产业中心,努力将新加坡水资源的劣势转变为优势;继续用高薪政策吸引人才,发展教育产业,建立区域教育中心,把各界精英都吸收到政府担任高级领导人,包括医生、律师、会计、大学教授、企业家、银行家等杰出人才。

2002年，新加坡开始了新一轮的经济大转型，以求新、求变、实用主义的治国理念，使新加坡继续保持全球领先的竞争力：全方位检讨发展策略；引进和发展生命科学和环境保护产业；打破刻板印象，首次举办F1夜间赛事；成功申办2010年世界首届青年奥运会主办权；成功运作主权财富基金；与主要经济强国签订自由贸易协定。

与此同时，新加坡以本国为圆心，以7小时的飞行距离为半径，制定了"7小时经济圈"的发展战略：在成功实现"总部经济"的战略之外，在该经济圈内继续巩固和打造若干区域中心，即世界贸易中心、海港转运中心、航空中心、会议中心、教育中心、医疗保健中心、国际医药中心和金融理财中心。7小时的飞行半径覆盖了东南亚各国和中国、日本、韩国、印度及澳大利亚。

新加坡率先提出的"双边自由贸易协定"（FTA）的概念，获得世界贸易组织的高度赞赏和各国的积极响应。在随后的时间内，新加坡与美国、中国、日本、韩国、欧盟等10多个国家和地区签订了自由贸易协定。超前的经济政策、灵活的应对谋略、高效的行政手段、广泛的世界联系，为新加坡继续成为全球领先的经济体奠定了坚实的基础。

2003年，新加坡和其他国家一样，猝不及防地遭遇到"非典"的严重挑战。在抗击"非典"的战役中，新加坡政府和医疗机构以严密监控国民及外来人员的体温作为重要的措施，收获了较好的效果。疫情初期，政府即通过媒体进行广泛宣传，反复告诫人们，如出现症状，立即向医疗部门报告并尽快就医。为防病源进一步输入，新加坡政府在机场、港口等各关卡派驻了医护人员，对入境人士采取健康检查措施。对疑似"非典"病例者视情况继续观察或直接送医院治疗。新加坡政府还在樟宜机场安装了红外线体温测试仪。为保证搭乘公共交通工具的安全性，新加坡政府在全国范围内设立了检查站，免费为出租车和公共汽车司机量体温。当年3月底，新加坡政府果断关闭了全国所有中小学校，并命令各个学校在停课期间对校舍进行全面清洗和消毒。复课时,学生都必须接受体温测试和健康检查,合格者才可以上课。在各界的努力下,新加坡的疫情得到了控制。

2004年,吴作栋卸下总理职务,出任国务资政,李光耀的长子李显龙继任总理。吴作栋执政的1990—2004年对于新加坡的发展而言,是不可或缺、承前启后的关键期。1993年,吴作栋积极推动"区域化政策",善用国有企业,鼓励民营企业,投资亚洲区域,扩大新加坡经济版图。1997年,亚洲爆发金融危机,新加坡经济遭遇严重挫折,吴作栋一度面临部分民众要求其提早下台的呼声。但他凭借坚韧和才干,通过近7年的努力,最终促成狮城经济转好,随后才卸任总理。

五、李显龙执政时期(2004年至今):继往开来,持续发展

2004年,李显龙接替吴作栋,出任新加坡第三任总理。身为新加坡国父李光耀的长子,李显龙一出生就笼罩在父亲的"光环"中,但他自己也有不同于父亲的闪光点和优势。

出生于1952年的李显龙在年幼时接受了新加坡典型的"精英式教育":在新加坡读最好的小学、中学,各科成绩优秀,尤其是理科成绩出类拔萃。他还具有相当高的语言天赋,懂华语、英语、马来语和俄语4门语言。李光耀曾这样评说自己的长子:"科学和数学成绩优异,华文中等,画画、歌唱、音乐和手工平平。"话语间透露出对儿子的欣赏之情。

青年时期,李显龙曾就读于剑桥大学数学系,并且以一级荣誉生的成绩毕业。他的导师曾力劝其留在剑桥"发展数学事业"。然而,李显龙在给导师的信中却冷静地做出分析:"让我说明我不想成为专业数学家的原因……对于世界变成什么样或国家往什么方向发展,数学家所能做的实在有限。"这段话说明他有志于从政报国。为此,他的导师曾感叹"数学界又少了一位优秀人才"。

头脑清醒、思维缜密恰恰是一个优秀政治家的必备素质。实际上,李显龙自己也多次表示,从一开始他就明确"不把数学当作事业来发展"。对国家大事颇感兴趣的他,从小就矢志追随父亲的脚步,希望有朝一日走上政坛。他从政后作风大胆、自信果断,先后在多个政府部门、军队任职,从基层做起,一步步积累自己的经验。2001年,李显龙出任副总理,首先面对的就是新加坡严峻的经济复苏问题。在研究新加坡经济振兴计划14个月后,李显龙领导的经济研究委员会不负众望,提交了一份长达200页的报告。报告中说,新加坡的发展依靠扩大出口,除了对美、欧、日的出口外,还必须扩大对中、印等新兴市场的出口。李显龙认为,新加坡有必要从各方面减少开支,包括降低公务员薪水、减轻纳税人的负担。这些措施使经济低迷的国家逐步走向繁荣。

李显龙的治国方针和外交思想深受其父影响,但也有自己的独到见解。在内政问题上,他主张建立廉洁政府,不断调整国家发展目标,增强社会的凝聚力。在外交方面,他具有较强的民族意识,反对美国干涉新加坡的治理,尤其是对新闻媒体的管理。他还认为,日本应正视第二次世界大战的战争历史,只有这样才能有助于同邻国建立正常关系。在对中国关系方面,他始终强调加强新中关系的重要性,并大力提倡"学习母语",表示"学好中文,受用终生"。李显龙是新加坡人心中的"知华派",与普通新加坡华人相比,李显龙能说一口流利的中文,推崇中华文化,熟悉中国历史,对中国的亲近感较强。他主张新加坡人应充分认识中华文化的重要性,新加坡华人更不能淡忘自己的出身和血缘。

李显龙的政坛之路虽然一帆风顺,生活却让他饱尝了艰辛,然而他从来不向困难低头。1982年,李显龙的第一任妻子黄名扬生下第二个孩子后猝死,留下1岁多的女儿和出生不久、身患疾病的儿子。悲伤过后,他独自照料一双儿女,30岁的他开始饱尝人生的艰辛。他后来形容那段时光是自己"生命中最黑暗的时刻"。直到1985年,李显龙与何晶结婚才迎来新生活。婚后两人恩爱有加,育有3子1女,成为至今为人称道的新加坡模范夫妻。在外人眼中,李显龙向以"强硬、坚韧"形象著称,但在妻子和儿女们心中,他是一个体贴的丈夫和慈祥的父亲,堪称"铁汉柔情"。平时无论再忙,他都要把更多的爱倾注到妻子和孩子身上,因为他深知,只有经历过磨难,才知道亲情的可贵。

然而,生活的磨难并未结束。1992年,李显龙被医生确诊患有淋巴癌。这个消息对父亲李光耀来说犹如晴天霹雳,但李显龙表现得相当镇静。经过一段时期的治疗,李显龙奇迹般地康复。2001年11月,他重新走上工作岗位,担任副总理兼财政部部长。李显龙事后回忆道:"癌症并没有影响我的体力。当然,年纪越大,你会发现自己不像年轻时那样精力旺盛,但我肯定自己在体力方面是能胜任工作的。"

2006年5月6日,执政两年的李显龙首次带领人民行动党迎来大选考验。经过激烈的选战,人民行动党最终在国会选举中获胜,赢得总共84个议席中的82席,其余2席被新加坡工人党、新加坡民主联盟获得。

2011年5月7日,李显龙领导的人民行动党在国会选举中再次获胜,但遭遇了前所未有的挑战,得票率仅60.1%,新加坡工人党不仅继续保有已有的一个单选区议席,其成员刘程强还转战阿裕尼集选区并成功击败人民行动党外交部部长杨荣文的团队,拿下该集选区,阿裕尼也成为新加坡历史上第一个由反对党当选的集选区。同年5月21日,以李显龙为总理的新加坡新内阁宣誓就职。新内阁针对面临的新情况做出了改革尝试:前内阁资政李光耀和国务资政吴作栋不再加入内阁,这成为新加坡自20世纪90年代设立资政制度以来的重大变化,某种程度上显示李显龙领导下的执政班子更加强调自主、独立、年轻化;新内阁采取新老搭配方式,核心力量是李显龙和副总理兼国家安全统筹部部长及内政部部长张志贤、副总理兼财政部部长及人力部部长尚达曼,以及贸工部部长林勋强"三位老臣",同时搭配多位相对年轻的阁员,这些新阁员多为60后,年富力强,占内阁成员的多半,且很多人都是跨部委兼任,显示出精简高效的原则。新内阁在宣誓就职的第二天就公布了政府部长薪金检讨委员会的名单和职责,开始着手裁减政府高官薪金,体现了以身作则、重视民意的施政思路。

2015年9月11日,李显龙领导的人民行动党再度迎来选举。经过5年的卧薪尝胆,这次的新加坡执政党与上次大选不同,一扫上届大选之阴霾,一举拿下了全部89个国会议席中的83席,总得票率达69.9%,打了一个漂亮的翻身仗。选举结果显示,与反对党漂亮的口号、激烈的言辞和热闹的竞选造势场面相比,人民行动党扎实可靠的施政业绩、坦诚亲民的工作作风依然在新加坡多数民众中拥有公信力。

李显龙领导的人民行动党之所以能再次获胜,一个重要原因是始终坚持为民"办实事、办好事"的宗旨。作为李光耀的长子,李显龙执政颇有开明之风,他非常重视民意,经常在博客与民众互动,还曾到酒吧与民众交流。他还十分重视民生,提出新加坡应向知识经济迈进,实现产业的再升级和国家的永续发展。面对选民对民生问题日益增多的诉求,政府相继推出"建国一代"福利、"终身健保"津贴、"SG50"个人所得税打五折、提升最低工资等多种惠民措施。在公共交通方面,政府更多地承担起了本应是运营商负责的工作,如2013年出资11亿新元购买巴士,增加巴士班次,缓解交通问题。面对民众普遍关心的住房问题,政府除加紧建设组屋(廉租房)外,还力促商品房市场降温,在一定程度上缓解了民众的住房焦虑。

移民问题是新加坡民众关注较多的领域。新加坡长期缺乏劳动力,导致发展后劲不足,因此政府自20世纪90年代末以来积极引入外来移民,缓解新加坡用工荒,带动经济发展。但凡事有利必有弊,由于引入移民较多,也带来交通拥挤、公共设施过载、工作竞争压力增大、本地人心理不平衡等问题。对此,人民行动党积极做出调整,适度收紧了引进外来劳工的政策,减少引进外来劳工的数量配额,提高了公民与非公民的待遇差别,要求各公司优先招聘本地人,并相应增加非公民的购房税。人民行动党也劝说本地人应更加勤奋地工作,以开放的胸襟接纳外来高素质移民。这些思路得到大多数民众理解。

人民行动党获胜当然与此前数月李光耀去世带给民众的哀思不无关系。但其另一个原因是人民行动党坚持以真诚的态度与民沟通、展现诚意。2011年大选是执政党历史上得票率最低的一次,民众反映较多的是政府倾听民众声音不够的问题。此后几年,政府抓紧转变工作作风,很多政府机关都增设了专门负责处理民众投诉、经营与民众关系的部门,政府在决策时更加注意听取民意,如采纳环保组织意见,搁置了一些大型基建项目。政府还设立了"新加坡谈话"(SG Conversation)等电视对话节目,尝试让草根组织更多地对政府施政提出建议。李显龙政府更加强调以柔和、亲民的手法开展公关宣传,避免生硬地说教,如对地铁进行维修期间有意在灯箱海报上打出维修人员的姓名、联系方式并说明"我们正在加紧维修",给民众以真诚负责的印象,赢得了民众的更多理解。

六、李光耀逝世:影响深远,启迪后人

2015年3月23日凌晨3时18分,李光耀因病医治无效去世,享年91岁。3月29日14时,新加坡政府在国立大学文化中心为李光耀举行隆重的国葬。李光耀是缔造现代新加坡的国父,也是世界知名的政治家、战略家,是新加坡的一代伟人。李光耀有着传奇般的经历。他兼具东方传统价值观和西方教育背景,在他身上既有政治家的大智慧,也有普通人的真性情。他不仅对现代新加坡人的生活和思想产生了深远影响,也给世界各国的发展事业带来了深刻的启迪。

李光耀建国有功。他是引领新加坡从英国统治下的殖民地走

新加坡国父李光耀

向独立自主发展道路的开国领袖、时代英雄。新加坡开埠后,受制于殖民地政治和经济桎梏,曾长期落后。第二次世界大战期间,新加坡更是一度被日本侵略者占领并遭受深重的灾难。目睹新加坡人遭受的困苦,李光耀从青年时代起就萌生了反帝反殖民主义思想。在英国留学期间,他参加了马来亚学生进步团体。留学归来后,他加入律师事务所,甘愿为工会组织担任法律顾问,积极为工人争取权益,并召集志同道合者创立了人民行动党,成为新加坡独立运动的带头人。在引领国家争取独立的道路上,李光耀出于国家生存和发展利益的考虑,曾尝试带领新加坡与马来亚联合邦合并,但未获成功。不过,这段曲折经历反而更加折射出李光耀对自己的国家和人民的忠诚。新马分治时,他曾因无法为新加坡寻找到一个庞大深厚的发展依托而深感内疚并潸然泪下,为此感动了无数新加坡人。在以后的漫长岁月中,他在探索新加坡独立自主发展的过程中变得更加成熟、坚强和睿智,而新加坡的发展反过来也进一步成就了他,终使他成长为国际知名的政治家,赢得世界各国政府和人民的尊敬。李光耀曾叮嘱新加坡人,"这个世界只有自己才能救自己"。始终将命运掌握在自己手中并为之奋斗到最后一息,是李光耀对新加坡最大的贡献和启迪。

新加坡能实现经济腾飞、跻身"亚洲四小龙"和世界发达经济体,李光耀功不可没。今天的新加坡人均国内生产总值超过5万美元,基础设施发达,人民生活富足。但在刚刚独立之时,新加坡贫穷落后、百废待兴。李光耀主政的20世纪60年代至80年代,正是新加坡发生质变的关键期。在这一时期,李光耀凭借其敏锐的判断,紧紧抓住了新一波工业化浪潮,提出了工业化战略、贸易战略和民本战略,为新加坡夯实了立国之本。所谓工业化战略,就是积极推动新加坡石油加工提炼、电子、船舶制造等工业发展,使新加坡迅速成为东南亚工业中心之一。所谓贸易战略,就是充分发挥新加坡得天独厚的地理优势、区位优势,坚持贸易立国、靠海致富,将海上贸易的范围扩张至全球,造就淡马锡控股集团的经济奇迹。所谓民本战略,就是"取之于民、用之于民",将经济成果分享给社会大众,做好兼顾公平与效率。

李光耀治国有方。这集中体现在新加坡廉洁高效、严谨有序的"软环境"上。新加坡能有为人称道的治理效果,与李光耀的不断思考、周密设计和大力治理密不可分。李光耀有西学背景,对西方生存法则了如指掌,清楚所谓选举政治、街头政治、"言论自由"的背后奥秘。针对西方媒体宣传的"自由选举、政党轮替",他常告诫新加坡公民要"想清楚",不要在选举政府时犯迷糊。为此,有人指责李光耀"家长作风""自作聪明",但也有不少人认为他是出于公心,他的经历和站位使得他毕竟要比常人看得更为全面一些。

李光耀认为,治理国家的重任必须要由有高度智慧、高度专业化、高度献身精神的国家精英、业界贤才和社会贤达来担当,并非等闲之辈凭着满腔热情就可做到。相反,如果放任资质水平一般甚至无才无德、不通时务的人来管理国家,则无异于败家舍业、害人害己。因此在他看来,给予这些精英以超出常人的高薪酬,实出自然。又因治理国家需要集中注意力,因此对社会舆论的一些不同声音"不听也罢"。

李光耀是律师出身,早年为工会组织挺身而出,与殖民当局周旋,锻造了他坚韧顽强、依法办事的品格。成为国家领导人后,他一丝不苟、依法办事的品格体现得更加淋漓尽致。据统计,李光耀以个人名义控告媒体"诽谤"的官司,从 1965 年至今已多达 20 多件,且全部以李光耀胜诉告终,如 20 世纪 90 年代美国《国际先驱论坛报》专栏作者鲍林就曾因诽谤李光耀而支付赔偿金并公开道歉。外界常常惊讶于李光耀的"善打官司",而正是他的身体力行,为新加坡树立"法治之风"带了好头,提升了新加坡公民的法律意识。李光耀的法治思想还体现在他加大力度、毫不留情的肃贪上。在新加坡,政府对公务员的监督极为严格,直接向总理负责的反贪局成为李光耀重手治贪的利器。

李光耀67岁时宣布辞去总理职务,转任内阁资政。虽然有人指责他"退而不休""垂帘听政",但他有勇气把总理职位交给更年轻的志同道合者。2011年,年近九旬的李光耀基本上不再过问国是。这些都告诉世人,他并不在意个人进退,而更在意的是国家和人民的幸福安康。

李光耀对中国历史的了解,以及他敏锐的政治洞察,使他很早就预见到了"中国必将崛起"。因此他坚持让长子李显龙务必学习中文。多年来,他经常到中国访问,以便时刻保持对中国的最新感知,因为在他看来"中国太重要了"。2008年中国成功举办奥运会后,李光耀表示"中国的崛起已不可阻挡"。

他也总是先人一步倡导和引领中新合作的新方向、新领域。早在中国改革开放之初的20世纪80年代,新加坡就"下先手棋",成为第一个在中国大陆开办工业园区的国家,从而带动了外资企业到中国投资设厂的热潮。进入21世纪,新加坡又与时俱进,在中国开展了天津生态城、广州科技城等新型合作项目。进入21世纪第二个10年,新加坡又敏锐地感知到中国发展的脉搏,加速与中国"一带一路"、中西部开发和陆海新通道等项目展开合作,并提出将新加坡打造为继香港之后亚太地区第二个人民币离岸交易中心。

李光耀虽已与世长辞,但他对新加坡和世界各国的历史贡献将永远激励和启迪后人。

七、新加坡独立后的政治智慧:开明高效的政府管理模式

从1965年到20世纪70年代,人民行动党在新加坡政治舞台

上的主宰地位得到进一步确认和加强,几乎囊括了这一时期的全部国会议席。李光耀作为第一代国家领导人的地位得到了尊崇。

新加坡的国会实行议行合一、非常独特的一院制。作为最高立法机关的国会不分上下院,采用一院制,由普选产生(每五年举行一次大选),职权主要有立法权、决定权和监督权。国会中占多数席位的政党是执政党,执政党的领袖为内阁总理。内阁由国会选举产生,向国会负责,接受国会的监督。内阁为国会准备重要议案,并推动其通过。内阁掌握一切行政大权,制定一切内外政策。内阁的政策和行为只有得到多数议员的赞同,才可以继续执政。同时,内阁成员由国会议员担任,具有议行合一的特点,有利于高效施政。国会议员出任内阁成员,长期由一个政党执政的特殊机制客观上也保证了国家权力运作的协调顺畅。从1954年人民行动党创立至今,新加坡虽有数十个反对党,但其政治影响都很小。人民行动党作为执政党长期控制国家政权,在立法权、行政权、司法权的结构内部及其运作上发挥宏观的影响力,有力地保证了国家的政治稳定,最大限度降低政治危机、种族冲突等事件的发生概率。新加坡人认为,新加坡社会结构复杂、国土狭小、资源缺乏,这样的国情承担不了社会不稳定的高昂代价。

新加坡执政党的活动方式比较规范。人民行动党虽然是执政党,但它只是选举时才在政治舞台的前台活动,推举本党的候选人,宣扬政纲,组织班子拉选票,参与竞选。当选举结束组成政府后,执政党的活动就退到后台了,或者其活动只限于党内。执政党的领袖成为政府总理,绝大部分议员也是本党党员,内阁部长也是政党议员,但他们处理政务均是以政府官员或议员身份出现,从不以党员身份出现。人民行动党的主张主要通过政府贯彻实施或以国会立法形式成为法律,全国上下一体遵行。

进入20世纪80年代,鉴于社会经济多元发展的需要,新加坡政府对高效管理模式做出了一些革新和完善。1988年,总理李光耀表示,因年轻选民在投票时不太重视少数族群的利益,故而建议设立"集选区制度",即把原有单议席单票制的选区制度改为 4—6 席选区制,候选人为一组人马且至少需有一人来自少数族群,投票时以集体名义参选,赢者"通吃",拿下该选区所有议席。这就是富有新加坡特色的集选区制度。有人认为,集选区制度对势单力薄的反对党不利。集选区制度从 1988 年选举集选区设立至 2011 年选举,反对党没有从集选区得到席次。但是在 2011 年的选举中,出现了反对党当选的集选区。

此外,李光耀政府时期还开始实行"非选区议员制"(即委任议员制),规定如国会反对党的民选议员低于一定数量,即可委任反对党人出任非选区议员,以补足这一数字,非选区议员在国会中可自由发言,但不能对宪法修正案、拨款法案或补充拨款法案、关系到政府的财政法案及对政府不信任案等提出动议并参加投票表决。以上两种制度的设立显示了人民行动党巨大的政治影响力。

当然,良好的政府治理离不开廉洁高效的公务员队伍。独立而权威的反贪机制是廉政的"尚方宝剑"。1998—2000 年,总部设在德国柏林的透明国际对 90 个国家的腐败印象指数进行调查和排序,结果显示新加坡的廉洁度位列第七。瑞士洛桑国际反贪组织发布的报告也显示,新加坡是亚洲最廉洁的国家。新加坡廉政建设的成功之处在于,建立完善了一整套法治化的、独立而权威的反贪机制,依法治贪、从严治官。其主要做法有:

首先,国会制定严格具体的《防止贪污法》,奠定了肃贪倡廉坚实的法律基础。该法严格禁止公务员利用职务和权力之便收受不当报酬,对违反廉政法律规定的行为制定了严厉的制裁处罚措施。法律规定的报酬范围包括:金钱、礼品、贷款、赏金、奖金、酬金、高额保证金等;提供官职、就业机会和承包契约;支付款项、让与财产、全部或部分地免除各种债务、责任或其他此类义务;给予帮助、袒护和各种好处等。贪污受贿的公务员一经查证属实,不但要处以罚款,同时要处以监禁。对于一般的受贿行为法律会对受贿人员处以 1 万新元以下罚款,或判处 5 年以下的有期徒刑,或两罚并处。《防止贪污法》不仅针对公务员,也适用于新加坡的每一个人。在肃贪问题上,官员没有特权,普通老百姓也不能存有侥幸心理。

其次,为加强政府制止贪污的职权,新加坡成立贪污诉讼程序调查局(成立于1952年,又称肃贪局),并赋予其极大权力。肃贪局是一个直属总理领导的独立监督机构,负责调查和遏制公共部门和私人机构的贪污行为。它负责维护公共部门和私人机构的廉洁,调查公务员的舞弊行为,并向有关政府部门和公共机构举报,以便采取法律行动。肃贪局可谓新加坡最有权威的监督机构,其调查人员可以搜查疑犯及其配偶、儿女、代理人的银行账户和存折。该局抓大不放小,调查侦办过多起部长级的贪污案件,对于"小鱼"则简化打击犯罪的程序。在行使监督职权的过程中,肃贪局也检讨易于发生贪污的部门、机构在制度和管理上存在什么弱点,并提出有关纠正和防范的建议,以便有效地预防贪污行为。

再次,政府建立健全一整套规范化的政治领导人和公务员监督制约机制。新加坡尽量减少公务员自行处理人、财、物等方面的权力,政府官员权力行使的程序简单明确、公开透明。同时,新加坡坚持以德育人。录用公务员要考察其品德修养,并进行廉洁、自律、公正等主题的严格培训。此外,还建立了严格的财产申报制度。根据法律规定,获得政府任用的人在上任前必须申报个人财产,任职后若财产有所变动,应当主动填写变动财产申报清单并写明变动原因,改换原财产清单。申报财产范围包括:动产、不动产、银行存款、股票证券等。为了防止漏报财产或故意将财产转移他人名下,肃贪局将负责严格审查财产申报内容。对任职以来财产有变动的情况,肃贪局既审查财产变动的真实性,也审查财产来源的合法性。

此外,新加坡《公务员手册》还制定了一整套关于公务员公务活动、私人活动的行为准则,内容从宏观到微观规定得非常细密,如公务员对官方文件及资料负有保密义务、未经授权不得接受媒体采访、每年必须签署无债务宣誓书、不准利用职权借贷、不得接受与职务有关的馈赠等。新加坡还实行公务员日记制,政府每年发给每个公务员一本日记本,要求记录每天的公务活动和与公务有关的私人活动,八小时内外无所不包,尤其必须记下有违纪律规定的事项,然后交由监督部门审查,若有隐瞒作假,将遭到处罚。这一做法有助于公务人员日日反省,长鸣警钟。当然,新加坡在加强法治的同时,也注重高薪养廉,使公务员的工资待遇保持在一个相对高的水平上,让他们过上合乎其身份和地位的体面生活,努力使公务员不能贪、不敢贪、不想贪。

八、新加坡独立后的族群政策:多元族群和谐共存

新加坡是一个典型的多元族群国家,其国内虽然存在复杂的族群关系,但是各个族群在该国政府行之有效的管理之下,展现在世人面前的是一幅共存共荣的和睦景象。这要归功于新加坡政府所推行的多元族群和谐政策。

新加坡是一个种族、宗教、语言和文化十分多样的社会。新加坡人几乎都是外来的移民及其后裔,其中以三个族群为主,分别是华人、马来人和印度人。在历史的进程中,新加坡各族群各代移民都曾为这一地区的繁荣和发展做出过积极的贡献,并在这片土地上安居乐业。同时,这些族群都拥有自己的宗教信仰、文化传统和民族语言,族群之间存在巨大的差异,再加上经济发展水平不尽相同,于是各族群之间的相互磨合就成为新加坡面临的主要社会问题。

华人是新加坡最大的族群,占总人口的76%。

历史上,中国沿海省份,有大量人口迁移到新加坡。新加坡华人的祖先包括闽南人、潮州人、广府人、客家人、海南人以及来自中国其他省份的先民,此外还有土生华人(又称海峡华人或峇峇娘惹),主要介绍如下:

2000 年和 2010 年新加坡华人族群构成

民系	2000 年		2010 年	
	人数	%	人数	%
闽南	1 033 337	41.1	1 118 817	40.0
潮州	528 259	21.0	562 139	20.1
广府	386 144	15.4	408 517	14.6
客家	199 080	7.9	232 914	8.3
海南	168 338	6.7	177 541	6.4
福州	47 076	1.9	54 233	1.9
兴化	23 649	0.9	25 549	0.9
上海	21 588	0.9	22 053	0.8
福清	15 555	0.6	16 556	0.6
其他	90 821	3.6	175 661	6.4
总计	**2 513 847**		**2 793 980**	

资料来源:新加坡统计局。

闽南人。在新加坡,闽南人一般被统称为"新加坡福建人",约占新加坡华人的四成,是新加坡华人社区中最大的群体。新加坡福建人多源自中国福建省南部,主要是厦门、泉州、漳州及其他闽南语区乡镇,含同安、南安、安溪、惠安、永春、龙海、晋江等。他们所讲的方言是闽南话,在新加坡则被称为"福建话",偏泉州音。在语言沟通方面,闽南话跟潮州话能够达到 50.4% 的互通,但却很难跟海南话(琼语)沟通。在 1979 年推行讲华语(即普通话)前,新加坡福建话曾是新加坡华人的共同语言,也是其他族群如马来人、印度人与华人沟通的语言。早期的闽南先民抵达新加坡后大多落脚于厦门街和直落亚逸街,后逐渐形成了环绕天福宫(Thian Hock Keng Temple)的区块。他们建有福建会馆,并将区块延伸至福建街和中国街一带。闽南人中"陈"姓是大姓。

天福宫是闽南人在新加坡所建的最古老寺庙

新加坡福建人在新加坡河一带的早期贸易活动中最活跃。由于他们来自中国南方沿海且多从事海上贸易，因此大多信奉妈祖。此外，他们也信奉九王爷、玉皇大帝等中国民间的神明。值得注意的是新加坡人所说的"福建人"，其实指的是"闽南人"，而不包括居住在福建省境内的其他籍贯人士，如福州人、福清人、莆田人、仙游人、宁德人以及闽西的客家人。新加坡的福州人和莆田人后裔通常都会明确地说明自己是"福州人"和"兴化人"，而不会自称"福建人"，因为新加坡的"福建人"这个称谓实际上意味着祖先来自闽南。

潮州人。潮州人约占新加坡华人的21%，是新加坡华人的第二大群体。新加坡潮州人多数源于广东省潮汕地区，包括潮州、汕头、揭阳、丰顺等地。潮州人的祖先可追溯到闽南，但他们通常仍会彼此区分开来。19世纪，潮州人曾是新加坡最大的方言群体，然而随着闽南人的大量涌入，导致闽南人在人口上最终超越了潮州人。柔佛海峡岸边曾是潮州人的主要居住地，直到20世纪80

年代新加坡建屋发展局(HDB)实施搬迁计划后,这一情况才有所改变。19世纪及20世纪初,大多数潮州人都居住在牛车水或新加坡河畔。早期的潮州人多从事工商业、渔业。传统的牛车水商行以及沙球劳路、桥南路一带的商店主要由潮州人经营。后来得到柔佛苏丹的批准,潮州人也开设胡椒种植园。随着更多潮州人加入种植业,"江厝"逐渐形成。在潮汕方言中,"江"意为河流,"厝"原意指房子,在这里,"厝"是指种植园首个负责人姓氏的名称。"江厝"后来演变成今日新加坡的许多地名,如蔡厝港、林厝港、杨厝港等。这些地名在市区重建之前都曾是种植园。

粤海清庙

新加坡的潮州人后裔所讲的潮州话因为长期受到新加坡主要方言闽南语的影响,已经与中国广东潮汕地区的潮汕方言有一定差别,主要差别在于带有较浓重的闽南口音,掺杂了很多厦门话词汇。与此同时,新加坡闽南人所操的"福建话"也有被潮州话影响的痕迹,形成了略带潮州味的闽南话。潮州人在新加坡修建了粤海清庙,它始建于1826年,是新加坡最古老的妈祖庙及玄天上帝庙，人们相信它会保佑航海者及其家人的安全。粤海清庙也维系着新加坡潮州人的同乡关系。

广府人。一般称为"广东人"，即以广州为中心的先民的后裔。他们大多源自广东省南部地区，如广州、肇庆、顺德、台山、鹤山等地，约占新加坡华人的15%，所讲方言为汉语粤方言，即广府话。宗教信仰跟闽南人、潮州人一样，为中国民间神明或道教、佛教等。直至20世纪前半叶，新加坡广府人的主要职业为医生、政治家、文言文老师，也从事其他行业如金饰业、裁缝业、餐饮业等。他们的商铺主要坐落在庙街、宝塔街、回教堂街等地。来自广东三水县的广东女工被称为"红头巾"，她们曾于20世纪前半叶在新加坡的建筑工地上大量劳作，为新加坡早年的发展做出了贡献。

客家人。客家人约占新加坡华人的8%。他们源自广东省东北客语区，如梅州市梅县区、梅江区、兴宁、大埔等。新加坡共和国的国父李光耀就是客家人，祖籍为广东大埔。20世纪前半叶在新加坡工地上劳作的许多客家女头上所戴的头巾是黑色的，她们也为新加坡的发展做出了巨大贡献。

应和会馆是新加坡第一个客家宗乡会馆

海南人。海南人约占新加坡华人的6.5%,源自海南东北部地区,如文昌、海口、琼海等。他们所讲的方言是海南话(琼语)。最早海南人将新加坡称为"星洲"。海南人移民到新加坡始于19世纪末期,比其他华人团体来到新加坡要晚,多数从事餐饮业,这也使海南人在饮食方面创造了自己的品牌"海南鸡饭",如今它已成为新加坡乃至全世界华人的著名美食。新加坡海南人也以善于烹饪西餐著名,许多海南人早期曾是欧洲海船上的厨师。

闽东和闽北人。新加坡的闽东人分成两大人群,即福州人和福清人。他们源自福建省东部沿海的福州市和福州市下辖的福清。他们所操的语言是闽东语的两大次方言福州话和福清话。两者口音上有一定差异,但可互通。另外,莆仙人(俗称兴化人)虽在方言分类上不属于闽东人,但因人数较少也经常被划为闽东人,他们源自福建闽南和闽东之间的莆田市,操莆仙话,介于闽南语与闽东语之间,但跟两者沟通都有一定困难。新加坡的闽北人多数源自福建北部的南平市、建瓯市及浙江南部,在新加坡的人数极少,少部分在家中还保留闽北语的建瓯话,但大多数已改用闽南话。

土生华人。又称海峡华人、峇峇娘惹。他们是早期来到马六甲和槟城的华人与当地马来人的混血后裔。由于早年间海上丝绸之路和郑和下西洋的影响,位于华南尤其是闽南一带的中国先民来到马来半岛时,当地的马来人将其中的男性称呼为"阿爸"(a ba),将女性称为"阿娘"(a nya),久而久之便也把这些人中的男性称作"峇峇"(ba ba),而女性则称为"娘惹"(nyonya)。在殖民时期,由于他们能够讲福建方言、英语和峇峇马来话,能够同时接触华人、马来人和英国人,因而多在英国殖民政府中从事公务员工作,或担任各商业和社团组织的中介。由于长期和英国人交往,很多土生华人受到殖民政府重用,被称为"King's Chinese"(国王的华人)且皈依了基督教,成为海峡殖民地有影响力的团体,因此生活上较富裕。新加坡土生华人早期多居住在芽笼士乃、加东一带。新加坡人有时把后期到来的华人劳工称为"新客",以示与土生华人的区别。

1941年一对峇峇娘惹夫妻的婚礼

其他祖籍地华人。主要来自中国其他各省市。21世纪前,新加坡仅有少量来自北京、山东、四川、湖北、上海、江浙等地的中国移民。进入21世纪,新加坡经历了中国移民浪潮,这些来自中国的移民大多能讲标准普通话,也能讲自己的家乡方言,在中国接受了扎实的基础教育,英文流利,常常在跨国公司、研发中心、大学、文化团体等从事中高收入工作,部分在中小学担任华文教师,还有一些从事公交车、地铁运营行业,通常被称为"新移民"。

虽然华人在新加坡人口中占绝对多数,但在地理位置上,新加坡北隔柔佛海峡与马来西亚相望,西南隔新加坡海峡与印度尼西亚的苏门答腊岛为邻,位于东南亚马来人世界的中心。这种地缘环境决定了新加坡国内的族群关系状况必然会受到周边邻国的影响,同时反过来又对周边邻国族群关系产生影响。由于华人在新加坡人口中占多数,国内的其他族群和许多邻国都担心新加坡成为"海外中国"。存在这样担忧的主要是新加坡国内的第二大族群马来人。马来人相对其他族群更接近为新加坡的"原住民",但从现在的人口构成来看,他们只占总人口的约14%。新加坡的马来人主要居住在农村,从事农业生产活动,收入水平低,生活困难。经济水平的差距就容易引发族群矛盾。

新加坡人自1965年建国后就孜孜不倦地追求三大目标:生活水平的提高、政治的稳定和族群关系的和谐。新加坡领导人敏锐地认识到,能够适应新加坡特点的族群政策必然需要具备融合性、开放性和包容性,这就要求新加坡的族群政策既不能完全套用西方模式,也不能完全沿袭东方文化传统,而需要采取一种更加宽容的态度以促进各族群和睦相处。于是,多元族群政策就在这样的大背景之下应运而生。

一方面,政府要确保各族群享有平等的权利。华人虽然占新加坡人口的绝对多数,但政府并未将中文作为唯一的官方语言,而是将三个主要族群所使用的中文、马来语、泰米尔语及英语明确定为四大官方语言。每一个族群所使用的语言都获得政府公平合理的对待。这种族群平等不仅仅体现在语言政策上,还体现在新加坡的议会政治中。在政治上,执政的新加坡人民行动党坚持党组织成员族群构成的多元化。在政府中,不同族群的公务员占与其人口数量相当的比例。在1988年新加坡大选中,考虑到马来人议员有逐渐减少的趋势和马来候选人素质问题,政府采用"集选区制度"以保证议员中有一定数量的马来人。1988年大选后组成的新国会,也特别注意推选一名马来人当副议长。在内阁中保证有马来人和印度人的政治代表,以确保在代表国民意愿的议会中各个族群都能够充分地参与到国家事务中,更是新加坡自治、独立以来一条不成文的规定。由此可见,新加坡政府所推行的多元族群政策除了具备一般多元族群政策的基本含义之外,在实际执行过程中,会给予马来人一定的优待。而对华人则无此优待,甚至在某些方面,华人利益要为马来人和其他少数族群的利益做出适当让步,以此保证国内各个族群之间享有相对平等的权利。

另一方面,注重培养"新加坡人"(Singaporean)意识。鉴于各个族群内部的凝聚力越强,越有可能对族群间关系的和谐和社会稳定带来隐患,新加坡政府号召每一个新加坡人都要超越个人的族群归属意识,培养"新加坡人"的观念。培养"新加坡人"观念是新加坡政府在推进族群融合方面采取的又一项重要举措。1965年8月新加坡宣布独立时,李光耀就曾明确指出:"新加坡既不是一个马来人的国家,也不是一个华人的国家,更不是一个印度人的国家,而是一个综合民族国家,也是一个民主独立的主权国家。"为凝聚国民认同,新加坡政府采取塑造国家意识的"新加坡化政策",其对象包括占少数的马来人、印度人,也包括占多数的华人,它包括国内所有族群,呼吁各族群成员首先要作为新加坡公民参与国家事务,强调国家利益高于族群利益,用集体利益和国家利益把各个族群紧紧地结合在一起,在国民中竭力塑造国家意识,强化国民的政治认同,希望借此消除族群对立,促使它们融合为一个"新加坡民族",建立国家统一的基础。

独立以来,新加坡的多元族群政策取得了成效,国民身份认同意识较强,国内族群关系相对和谐,社会总体稳定有序。通过实行多元化的族群政策,新加坡成功地避免了其他国家容易发生的强势族群与弱势族群之间的激烈对抗,将原先来自不同国家和地区的移民改造成了不以族群划分彼此的新加坡国民,使国家意识能为各族群所接受,形成一个健康、和谐、有序的新兴社会。

九、新加坡独立后的法治思想及司法实践

新加坡崇尚法律面前人人平等,法律之内人人自由的法治精神。新加坡法治的制度和思想源头大致有两个:一是英国的法治

传统,二是李光耀个人的律师出身和经验。在1959年自治之前,新加坡已经实行了英国普通法制度将近150年。自治后,新加坡虽在某些方面根据本国情况做了灵活调整,但大体上仍贯彻了英国普通法的传统。

不过,英国法律在新加坡的运用并非无限制。在司法实践的过程中,新加坡也根据本土文化多元和族群多样、宗教各异和风俗习惯各不相同的现实,对法律做出了适当的调整。建国后,除继续沿用英国法律之外,新加坡的法律制度还走上了独立的发展道路。特别是1994年2月通过了《司法委员会(废除)法案》(同年4月8日生效),废除了向英国枢密院上诉的制度,使得新加坡的终审法院成为最高上诉法庭这不仅让新加坡的法律主权获得回归,法律的本土化进程也得以大大推进。新加坡宪法具有至高无上的地位,任何法令法规如果与宪法不一致,则不一致的部分无效。法令法规由国会以及有权为新加坡立法的前身新加坡立法局制定。附属法规是部长、其他机构在有关法令的允许下,为特定目的制定的条规或条例。不成文法则包括英国法、判例及习惯法等。新加坡法院在审理案件时经常引用英国法的传统,在没有新加坡法律的具体规定时,也采用英国法的原则与原理。习惯法则是适应于新加坡多元族群的特点。不同族群在家庭、民事关系和继承等方面的古老习惯法,在某种程度上弥补了成文法的不足。新加坡的法治思想颇有自身特色:

首先,强烈的社会危机意识和崇尚秩序、权威、有序的社会价值观成为法治的思想基础。面对国土狭小、资源缺乏、人口较少的国情,新加坡从政府官员到普通民众,普遍都有一种强烈的危机意识:因为地方小,所以必须有纪律,继而才能走在其他竞争者的前头。李光耀曾表示:"新加坡只有一个机会,那就是抓紧努力些、更有纪律些,来踏上经济的阶梯。如果你放松些,你不会掉在软垫子上,而是又冰又冷的水泥地上,粉身碎骨。"这种强烈的危机意识、忧患意识促使新加坡人非常崇尚纪律和权威,强烈追求法治和秩序,十分重视发挥法治在解决社会危机、保持政治和社会稳定方面的作用,让法治成为新加坡社会运作的基本形式。正是这种危机感,使得新加坡长时期保持政局稳定,也使其法治具备更为坚实的社会认同心理基础以及文化环境。事实上,新加坡的危机忧患意识不仅体现在政治和法治方面,新加坡在经济计划的制订、基础设施的建设、高科技的发展等方面也都非常强调凡事预则立,不预则废,时时刻刻注重未雨绸缪、先行一步。

其次,法律规定相对完备、具体而严密。新加坡立法内容涉及社会生活的各个方面,社会主体的行为模式在现行法律法规中均有相应依据,凡需要控制的行为,法律法规都制定了具体而严密的规范。据不完全统计,新加坡现行的法律法规达400多种,大到政府体制、政府权力的运用、公民与国家的关系、经济生活的管理,小到旅店管理、停车规则、公共卫生等公民生活的各个方面,皆有法可依、有章可循。其立法之多、法律覆盖范围之广,在世界上都是罕见的。就连口香糖不得在新加坡生产和销售一事也以法律形式加以规定。新加坡的立法十分强调配套性和严密性,以广告管理方面的立法为例,有《广告法》《广告公司法》《不良广告法》《禁止刊登与吸烟有关的广告法》等。新加坡禁止在建筑物、道路、汽车等公共场所悬挂、张贴商业广告,报纸、电台、电视台、商店橱窗则不受此限。在新加坡,从机场到市内的路上很少见到广告牌,视线所到之处均为绿地、丛林、风格各异且十分整洁的建筑物,这番景象就是这类法律约束起到的效果。

再次,执法和司法严明、周密、公正。新加坡人相信重罚之下,必有怯者。有法不行,比没有法危害更大。新加坡对违法、犯罪者惩罚的严厉程度世所皆知,凡犯杀人、绑架、走私毒品、谋财害命、持枪抢劫等重罪者,通常均处以绞刑或终身监禁,还常常单独附加鞭刑。此外,新加坡法庭还对轻微违法行为大量采用罚款作为处罚措施。保留鞭刑及大量采用罚款是新加坡执法环节中颇具特色的做法。新加坡的鞭刑又称笞刑,最早源自英国及英属印度殖民地,主要行刑方式是以鞭击打犯人臀部,致其身体经受痛苦继而得到惩戒。刑具通常用藤条制成,长约4英尺,厚约1英寸,行刑前需进行消毒。鞭刑只针对50岁以下的男性。一般判处执行1—8鞭,最多时为15鞭。犯人受刑前后通常都要接受狱医检查,受刑者如挨鞭后昏厥,狱医须迅速使其苏醒。如经检验犯人仍昏厥不醒,则停止用刑。行刑完毕后,狱医将在受刑者身上涂上消炎药。受鞭刑的犯人常被打得皮开肉绽,一般三鞭下去,犯人数周内都无法坐下,一个月起不了床。许多重罪嫌犯都非常害怕鞭刑,会请求辩护律师使其尽量免于此刑。20世纪90年代,新加坡地方法院对实施违法行为的美国少年费伊做出鞭刑判决,时任美国总统克林顿出面求情,但新加坡政府认为,此举是对新加坡司法独立的干涉。后新加坡虽出于外交关系的考量减了两鞭,但仍坚持执行。此事曾轰动一时,足见新加坡执法之严。

另外,新加坡人在城市和社会管理中还非常重视罚款这一手段,其特点是罚款范围广、名目繁多;罚款程序明确具体,可操作性强;罚款数额大,足以使受罚者心疼。新加坡的大街小巷都可以看到各种禁止性告示牌,不同违法行为的罚款都有具体、明确的规定。如随地吐痰,最高罚款1 000新元(约人民币5 000元);在电梯里吸烟罚款500新元;在公共汽车里吸烟罚款1 000新元;上公共厕所后不冲水罚款500新元,过马路闯红灯罚款200新元等。据统计,新加坡国库罚金平均每年有900多万新元。对于运用罚款手段还不足以起到警告作用的违法行为,则合并运用罚款和强制劳役的手段,如对乱扔垃圾者,除处以罚款外,还责令他们穿上标有"我是垃圾虫"字样的特制服装,在规定的时间和地点打扫公共卫生,并通过报纸和电视等传媒予以曝光。

此外,新加坡还建立了较为完备的失信约束惩罚机制。如对欠债不还者,债权人可以申请法庭将债务人判入穷籍。穷籍与判处刑罚不一样,实际上是法庭判处的一种身份,类似于判决个人破产、信用破产。被判入穷籍者依法不得出国旅游度假,不得出入高级娱乐场所,不得拥有汽车、彩电、空调等一定档次的消费品,更无法开办实业、申请贷款、取得担保等,总之不得享受许多常人可以享受的正常生活,只能在贫困线上挣扎。当然,如果偿还了债务,穷籍身份还可依法取消。这种惩罚措施对逃避债务的人十分有效,可以打击恶意逃债人和失信人员。

十、新加坡独立后的外交与安全理念: 国防建设三原则与大国平衡战略

1965年8月9日从马来西亚联邦独立之初,新加坡面临着非常复杂的国际环境。一方面,美、苏在全球的对峙和争夺进入白热化,越南战争不断升级,东南亚国家受制于冷战两大阵营的激烈对抗难以自拔,新加坡处于夹缝之中左右为难。与此同时,马来西亚对新加坡的不满情绪依然强烈,印度尼西亚国内针对华人的怀疑情绪也时不时影响到对新加坡的关系,使新加坡领导人备受困扰,产生了"人为刀俎,我为鱼肉"的强烈不安全感。基于高度的危机感和不安全意识,新加坡采取了一系列政治和外交措施,加紧寻求国际方面的承认,以防有一天被马来西亚"强行合并"或被印度尼西亚压制。1965年9月21日,新加坡宣布加入联合国。1965年10月,新加坡宣布加入英联邦,谋求以相对松散的方式保持与前殖民宗主国的联系,进而为自身安全和繁荣提供更多屏障。1967年8月8日,新加坡与泰国、马来西亚、印度尼西亚、菲律宾共同组建"东南亚国家联盟"(简称"东盟"),目的均是借助地区和国际合作,提升本国地位,从而维护自身安全与发展利益。

1968年1月,英国首相威尔逊和国防大臣希利宣布,最迟到1971年,英国将全部撤出在新加坡、马来西亚、马耳他和利比亚等地的驻军,其中新加坡和马来西亚是撤军重点。1971年10月31日,英军远东司令部宣布撤军,英军大部撤离新加坡。1975年,英国国防大臣罗伊·梅森发布国防政策评估,表示英军今后的关注

焦点将转向欧洲,为此需进一步从远东撤军。1976年,留在新加坡的最后一批英国陆军和海军小分队全部撤离。

英军从东南亚"抽身"进一步加快了新加坡探索独立自主的国防建设的步伐。事实上,早在1965年从马来西亚联邦独立的当年,新加坡就组建了"内政和国防部",次年成立了海军,1968年成立了空军,1970年设立了单独的国防部。1971年,随着英军实质性撤回驻新部队,新加坡加紧推进自主国防建设。为应对印度尼西亚、马来西亚两大邻国南北包夹的压力,新加坡在20世纪六七十年代连续多年将国防预算保持在国民生产总值5%—6%、政府年度预算34%的高比例。政府还决定效仿以色列,实行所有年满18岁的成年男子均须服义务兵役的制度。按照该制度规定,新加坡凡是年满18岁的男子只要身体条件允许,均须服2—3年的强制军役,退伍后转入后备役,需要定期回营接受训练并在一定时间内接受国防动员。与此同时,以李光耀为代表的新加坡领导人还提出了著名的国防建设三原则:

一是"毒虾"原则。新加坡国土面积狭小,没有战略纵深,难以承受外部入侵,因此须着眼于预防和遏制,强调"未战而慑人之兵,御敌于国门之外"。为此,新加坡要成为"能产生剧毒的小虾",既能与"鱼群"共存,又不会被"大鱼"吞掉。要实现这一目标,就要将新加坡武装力量建设成为一支"小而精、小而强"的军事力量。换言之,人数虽少但武器精良、训练有素,确保有较高的威慑力。与此相适应,新加坡除要建设高质量的正规军外,还要建设有广泛动员能力和坚强意志的预备役部队,同时辅以社会、经济、舆论等诸方面强有力的支持,让对手慑于新加坡军队的战斗力和全民皆兵的强大威势而却步。

二是"鱼群"原则。其核心思想是,新加坡国小人少,军队长期没有实战经验,单靠自身实力实难确保国家安全。因此,新加坡国防建设一定要注重联防自保,寻求集体安全、协作安全,靠集团的力量遏制潜在敌人。新加坡第二任总理吴作栋曾将新加坡形象地比作一条小鱼,小鱼要活着就要置身于鱼群之中,靠结群以自保。按照这一国防思想,新加坡逐步建成了三个层次的安全体系:第一层次是与马来西亚、英国、澳大利亚、新西兰等英联邦四国组建五国联防机制。该机制于1971年组建,是西太平洋地区的军事安全组织;第二层次是参与东盟政治、经济与安全合作,形成第二道安全屏障;第三层次是依靠联合国,维护本国安全并在国际安全合作中发挥积极作用。

三是"大鱼"原则。核心宗旨是强调新加坡既要加入"鱼群",又要拉住美国这条"大鱼",双管齐下,"以阻止其他大鱼到本地区闹事"。因此,新加坡独立后长期支持美国在东南亚地区保持军事存在,欢迎美国军舰、军机在新加坡停靠、补给和维修,并展开联演联训、人员交流等。新加坡方面的战略筹划是,通过此举对地区国家产生"间接威慑"效果,一旦有别国"想吃掉"新加坡这条"小鱼",那它就要考虑五国联防、东盟这两个"鱼群"以及美国这条"大鱼"答不答应。如此,新加坡就能"借力使力",达到保卫自身安全的目的。第二次世界大战结束以来,新加坡和美国建立了广泛的军事合作。新方引进了美制F-15、F-16战斗机和阿帕奇武装直升机,并引进了最新F-35战斗机,建成了东南亚最精良的空军。此外,新加坡海军和陆军装备也位居东南亚前列。由于新加坡国土面积狭小,没有足够的土地建立大型军事基地,新加坡大量军队长期在包括美国、法国、澳大利亚等在内的外国领土训练。1990年美军从菲律宾苏比克湾和克拉克空军基地撤军后,当年11月新加坡总理李光耀与时任美国副总统戈尔签署《1990年谅解备忘录》,新加坡允诺为美军使用新加坡空军与海军基地提供便利,并为美军过境人员、军机与军舰提供后勤支持。该备忘录有效期为15年。后于2005年续签,有效期至2020年。2005年7月12日,新加坡总理李显龙与美国总统布什签署《战略框架协议》(SFA),新加坡允许美国战舰轮流停靠樟宜海军基地,美方允许新加坡军人赴美训练。2013年,新加坡允许美国濒海战斗舰进驻并使用本国设施,

2015年又允许美军P-8巡逻机进驻本国巴耶利峇空军基地。2019年9月23日，新加坡总理李显龙与美国总统特朗普签署《1990年谅解备忘录修正议定书》，规定美军可继续使用新加坡军事基地至2035年。总体而言，新加坡不断加强与美国军事合作，更多的只是想借此维护自身安全，并不想卷入地区战略冲突和对抗。新加坡本身地域狭小、实力有限，卷入相关冲突并不符合新加坡的国家利益。

此外，李光耀、吴作栋、李显龙等领导人在国际场合均强调大国平衡战略的重要性，其要义在于，新加坡除加强与美国政治、安全合作外，还要与周边大国和欧盟等大国或地区性力量保持对话合作，防止过于倾向某一大国，从而导致力量失衡，进而影响到新加坡的安全稳定。事实上，新加坡多年来在加强与美国军事和安全合作的同时，也与周边大国和欧盟等开展了安全对话与互动，并成为东盟对外合作的积极倡导者，这表明新加坡的国际政治理念和国际安全思维具有一定的开放性、包容性和合作性。由英国国际战略研究所和新加坡国防部亚洲安全峰会办公室携手组织的年度地区安全论坛——新加坡-香格里拉对话会自2002年首办以来，已成为外界了解新加坡安全理念和外交政策的重要平台。该机制永久落户新加坡，为亚太主要国家国防代表、军方将领和政界人士交流观点提供了机会。

按照国防三原则和大国平衡战略的基本思路，新加坡目前已形成了以总统为武装力量最高统帅，以国防部为最高军事统帅机关，由国防部长统一领导，下设国防部常务秘书（负责国防和安全政策）、三军总长（负责军事工作）的一整套军政军令指挥体系和军事安全思想体系。

十一、新加坡独立后的建筑艺术成就

一个国家每个时期都有其特有的建筑风格，建筑最能形象直观地展现一个时代的风貌。得益于深厚的中华文化、马来文化、印度文化、阿拉伯文化和西方文化的积淀,加之独立后正确的国家政策,新加坡自20世纪五六十年代至今,在文化上呈现出高度繁荣,集中地体现为一大批具有当代新加坡特色的后现代派、未来派建筑,成为令世界惊叹的"新建筑奇迹"。这些建筑不仅见证了新加坡的发展与繁荣,也是新加坡旅游、艺术与文化发展事业的载体。具体如下:

滨海湾金沙空中花园。竣工于2010年6月,在新加坡地标性建筑中排名第一,由3座55层楼高的塔楼和一座水平贯穿式的楼顶露台组成。这座耗资1亿多美元的空中花园,占地1.24万平方米,距离地面200多米高,种植了250多棵树木和650多株草本植物,可同时容纳3 900人参观游览。3座塔楼呈倾斜姿态(斜角为

新加坡滨海湾金沙空中花园远眺

26度),塔身与第23层楼的"空中花园"平台相交。"空中花园"平台如同一个巨型的冲浪板横跨在3座塔楼的顶部,是全世界最大的公共悬臂式建筑。从远处看,这座悬浮在空中的平台仿佛飘浮在天空中的诺亚方舟,上面葱茏青翠,有观景台、园林、餐厅、酒吧以及一座无边泳池,整个平台向海湾的方向延伸,可以360度俯瞰新加坡,令人叹为观止。平台上大约1.2公顷的热带绿洲比横躺下的埃菲尔铁塔还要长,而且宽度足可停放4架半空客A380大型喷气式客机。位于空中平台的游泳池,全长150米,距离地面200多米高,是全球最大的空中室外无边游泳池。泳池边缘看似无任何遮挡,如瀑布一样悬挂高空,与远处高楼大厦的景致融为一体。这3座塔楼还是新加坡最大的酒店,拥有2 560间豪华客房与套房,所有客房均可饱览滨海湾及新加坡的壮丽景色。这里还有一个名为"艺术之径"的艺术中心,陈设着国际著名艺术家的作品,各种作品汇集成的径道从塔楼23层中庭一直延伸至酒店外,彰显当代新加坡兼收并蓄的文化氛围。

新加坡滨海湾金沙空中花园露台上的无边泳池

鱼尾狮雕像(Merlion)。它是经过艺术创造的一种鱼身狮头的动物形象,于1964年由当时的范克里夫(Van Kleef)水族馆馆长布伦纳(Brunner)设计,1966年被新加坡旅游局设为独立后新加坡的标志和吉祥物。鱼尾狮如同埃菲尔铁塔之于法国或自由女神像之于美国,是新加坡的代表符号。

新加坡鱼尾狮喷泉

鱼尾狮狮头的设计灵感来自关于新加坡起源的历史传说。根据《马来纪年》记载,公元12—13世纪,一位来自室利佛逝王国、名叫圣·尼罗·优多摩的王子途经淡马锡(今新加坡)。他一登陆就看到一只神奇的野兽,随从告诉他那是一只狮子。于是他就为新加坡取名"新加坡拉"(英语:Singapura,梵文意为"狮子城")。鱼尾来源于新加坡的海洋属性,也代表新加坡曾是一个渔村和"海之城"。狮子则有双重含义,既代表着新加坡原本的古名"狮子城",又象征着新加坡在当今世界经济中具有的重要影响。

新加坡全境有多座鱼尾狮雕像,位于新加坡滨海湾富勒顿1号大厦旁的雕像无疑是全新加坡最著名、"上镜率最高"的一座鱼尾狮雕像,东西方游客大多会在这里留影纪念。除此之外,位于鱼尾狮公园内的一大一小两座鱼尾狮雕像也很有名,其中较大的一座由已故新加坡著名工匠林浪新用混凝土塑成,高8.6米、重70吨;较小的一座高2米、重3吨,也在同一时期完成。两座雕像于1972年9月15日正式落成于海滨桥边的鱼尾狮公园,开幕仪式由当时的总理李光耀主持。为纪念这项盛事,有关部门特意制作了一块铜匾,上刻"鱼尾狮是新加坡迎宾好客的象征"铭文。2002年4月,这两座雕像被迁移至120米外的填海地段,更加接近填海后的新加坡河口,旅游局同时还为它们做了整修。新加坡南部的花柏山上也有一座小型鱼尾狮雕像,鱼尾狮雕像成为新加坡的象征,为新加坡的旅游业做出了贡献。

新加坡摩天轮(Singapore Flyer)。该摩天轮于2008年3月1日对公众开放,坐落在滨海中心填海所得的土地上,登上它除了可以饱览新加坡市中心之外,还能远眺约45千米外的景色,包括印度尼西亚的巴淡岛、民丹岛以及马来西亚的柔佛州。摩天轮轮体直径达150米,安置在3层休闲购物中心楼上,总高度达165米,超过160米高的南昌之星和130米的伦敦眼。修建新加坡摩天轮的设想最早产生于21世纪初,正式计划开始于2002年,2003年6月27日获新加坡旅游局批准。摩天轮施工面积约16 000平方米,整个设施沿滨海湾步行区展开,共占地33 700平方米。摩天轮上有28个安装了空调的座舱,每舱可容纳28名乘客。整个摩天轮旋转一周约用30分钟时间。

新加坡摩天轮

新加坡滨海湾艺术中心（Esplanade-Theatres on the Bay）。位于新加坡滨海湾的海湾艺术中心，是当代新加坡极具特色的现代建筑之一。该艺术中心于2002年10月正式落成，建筑面积80 500平方米，已成为新加坡的标志性建筑之一。艺术中心的建筑师团队以昆虫的复眼为灵感，造就了其独特的外观。又由于平视时艺术中心主体宛如两颗东南亚著名的热带水果——榴莲，因而又被称为"榴莲艺术中心"。

艺术中心建设计划于1970年开始构思。1987年，第一份设计方案由艺术表演团体制成。1989年，时任副总理、文化和艺术顾问委员会主席王鼎昌建议建设新的文化艺术中心。1990年，艺术中心建设指导委员会成立，王鼎昌任主席。1993年王鼎昌当选总统后，改由信息和艺术部部长接任主席职位。1992年，新加坡

新加坡滨海湾艺术中心夜景

艺术中心有限公司成立,负责艺术中心建设相关工作。1993年,剧院的总体规划出炉,共包含5个剧院,分别为:主剧院、音乐厅、可调整剧院、中型剧院和开发剧院。1994年,建筑设计方案初具雏形,并举办首届艺术中心设计方案展览。艺术中心被正式命名为Esplanade-Theatres on the Bay,建筑设计进程重新规划为两个阶段:一期工程包括剧院、音乐厅、工作室、排演室和商业空间设计;二期工程包括在晚些时候建设的中型剧院。1996年,新加坡滨海艺术中心奠基仪式举行,时任副总理兼国防部部长陈庆炎主持典礼,中心基础工程动工。1997年,新加坡艺术中心有限公司重新命名为"Esplanade有限公司",以更好地体现公司对整个项目工程的主导地位。1998年,艺术中心上层结构动工。2000年,工程进行舞台设备安装和调试。2001年,上层建筑竣工仪式举行,时任贸易和工业部部长杨荣文出席仪式。工程进行后续玻璃屋顶的安装工作,同时开始内部装饰和景观绿化工作。2002年,穹顶安装工程完毕,标志着整个工程大体完工,开始进行内部试运行和音乐音效调试工作。2002年10月11日,国家级的开幕式在滨海湾艺术中心音乐厅举行,表演工作由新加坡交响乐团承担。2002年10月13日至11月3日,艺术中心举行开幕庆典。

艺术中心下辖主要设施包括:

折叠音乐厅。它系滨海湾艺术中心的核心场馆,具有震撼人心的室内声音效果,是全世界5个拥有这种尖端设计水平的音乐厅之一(除新加坡的滨海湾艺术中心外,其余4个分别位于瑞士卢塞恩,美国费城、达拉斯和英国伯明翰)。音乐厅中设有混响室以及能够适应各种音乐类型的声学天篷,可为每场音乐会提供近乎完美的音响效果。音乐厅的交响乐团表演舞台可容纳120位音乐家,最多可容纳170位。在平台上方是一个可移动的远程遥控声篷,放置于显要位置,由3个部件组成,每个部件重达17吨。声篷作为声音反射器,通过适当调节可为每一场演出提供恰到好处的声效。同时,正在表演的艺术家本身也可以听见表演效果。正是基于这个原因,音乐厅才可以很好地适应不同种类的演出。这种灵活的可调节的声学系统为各种音乐形式提供了高水准的声音表现。大厅的混响室用来改变演奏的声音特性。在音乐厅表演台后还拥有200个唱诗班席位,在需要时,可以作为额外的宾客席位。另外,音乐厅还拥有4个专享的VIP包间,可以为观众提供完整而极佳的视野。

折叠剧院,系艺术中心主要的戏剧表演场所,共有1 942个座位,风格上对传统欧洲歌剧院的马蹄铁型设计进行了改进,以便艺术家在表演中能够轻松和观众进行交流。表演台可以兼容所有的表演艺术形式,并不仅限于亚洲和西方的表现艺术,古典的、传统的、现代的和多媒体的艺术形式,都可以得到很好的表现。剧院舞台长39米、宽23米,是新加坡最大的表演舞台,为多样化的表演形式提供了硬件支持。这里拥有一个主舞台,两个与主舞台大小相似的辅助舞台,可用来预制作表演布景,并快速切换演出场景。主舞台拥有可变的舞台框架,舞台宽度可调节,范围在 12—16 米。同时,这里还有一个高 30 米的飞翔塔和一个可调节的能容纳 100 名音乐家的乐池,乐池设有 3 个梯子,以应对不同的乐团规模。虽然剧院拥有 2 000 个席位,但最远座位与舞台距离仅 40 米,无论观众坐在什么位置,均可清楚地看到舞台上的表演。剧院的设计和建造采用了"盒中之盒"的方式,以隔绝外部的噪声和震动。扎实的建造过程和精细的用料,让音质浑厚的管乐声和轻快活泼的弦乐声都能完美地传达到听众耳中。

折叠独奏室,是演出室内乐、独奏乐、即兴节目和爵士乐等小范围演奏形式的理想场所,形状为扇形,最多可容纳 245 人,还可以用来举办展会和中小型会议。除了拥有木质地板,演奏室的墙壁和屋顶也采用了特殊的设计,从而为其卓越的声学效果提供了保证。独奏室也经常被用作管弦乐团和唱诗班的排演场所。

折叠剧院室,是一间实验性质的表演场所,适合小型歌舞剧的演出呈现。其表演空间可以非常灵活地进行调整,可通过调节可拆卸座椅为演出提供不同的交互方式。这个演出室最多可容纳 220 人。通过对高度可调节的舞台、观众席、灯光和声学系统进行配置,实现不同的演出效果。另外,剧院室舞台的大小类似于主剧院舞台,因而成为排练演出的理想场所。

折叠中心大厅,是滨海湾艺术中心的主入口,也是访客的主要交流场所。大厅经常举办视觉艺术展示活动来活跃气氛。晚间,这里也会举行一系列免费的室内演出,内容包括舞蹈、音乐和戏剧。所有具有天赋的艺术家,不论专业与否,均可申请在此展示自我。另外,这里也拥有方便游客的信息中心,为初入艺术中心的人们提供帮助。同时,大厅直接连通建筑的两大主要演出场所,即剧院和音乐厅。

折叠视觉艺术中心,位于建筑的第二层。这里有一个 216 平方米的画廊,可饱览滨海区美景,因而常常配合完成视觉艺术中心举办的大型活动。它独特的弯曲形状和百叶窗混合的内饰在中心里也是独一无二的。视觉艺术中心可以陈设本地和区域性的艺术作品,也可以展示国际最新的现代风格艺术佳作。

折叠戏剧中心,是比折叠剧院更小的中小型实验性戏剧表演场所,共有幕前座位617个、包厢座位120个。

折叠排练室,是专门为舞蹈或歌舞剧的彩排和演出暖身而设计,大小与剧院主舞台相似。租用主要场地(音乐厅、剧院、独奏室和剧院室)的演出团体享有预订排练室的优先权。

折叠会客空间,是举办私人聚会和企业活动的场所,在场地中的分布超过4层,门厅空间可为举行大型活动提供机会,会客室适合少数人会面和商谈,湾区室可以为私人的中小型活动提供空间。

新加坡滨海湾金沙艺术科学博物馆(ArtScience Museum Marina by Sands),其形状如一朵盛开的莲花,又似一只张开的大手,令人过目不忘,也是今日新加坡的代表性建筑之一。新加坡建造艺术科学博物馆的目的不仅是吸引游客,更旨在鼓励人们站在思想前沿,用富有革新性、创造性的想法发展新经济、新文化。该馆共有21个展厅,可用于举办各种临时展或展出永久性藏品。能够在这座博物馆展出的藏品需要兼具艺术性与科学性,往往处于东南亚乃至亚洲、世界的前沿。

博物馆于2011年2月19日首次向公众开放,建筑面积6 000平方米,是世界上首个艺术与科学相结合的博物馆,因为设计人员认为,艺术和科学并不是分开的,孔明灯和达芬奇飞行器就是东西方科学与艺术的完美结合。整个建筑被一个4 000平方米的荷花池围绕,犹如一朵绽放在水中的莲花。远处瞭望时人们往往无法感知它的特别,但一旦靠近,就能感受到这座莲花般的建筑所带来的巨大震撼。博物馆楼高4层,有10瓣长短不一的"花瓣"弯弯地朝天伸展,最高处离地达60米。但也有人说那是一双张开的手掌,表达欢迎之意。它的表面材质为特制的玻璃纤维,整个建筑看

新加坡滨海湾金沙艺术科学博物馆

起来毫无缝隙。弯曲的"花瓣"中央还有一个洞口，每到下雨天，这朵花就变成集水库，雨水顺着花瓣流到中央的圆形洞口，然后垂直落到底层的蓄水池，汇聚成一个高达35米的室内瀑布。这些水还可以循环利用。

博物馆设有21个展览厅，底层8个展览厅大小不同，可以单独使用，也可打通来共同举办大型展览。第三层有10个展览厅，共用一个空间，外墙装有面向各个方向的玻璃窗，可让公众看到不同的视野，也利用自然采光作用，令展览厅内的光线更加通透。3个最高的"花瓣"伸展到第四层，包含3间永久性展览区。另外，博物馆还有一个纪念品专卖店和小茶座。

博物馆的运营理念也十分别致，特别重视与教育相结合、与院校相互合作，包括联合编写关于博物馆展品的教案，让学生在游览博物馆时能充分吸收知识并发挥创意，博物馆运营方还经常推出演讲活动，把艺术和科学领域的顶尖学者邀请到博物馆举办讲座、研讨会，以激发民众更多的思考和想象。

新加坡滨海湾花园(Gardens by the Bay)。它是集中体现新加坡"花园城市国家"美好景色、美好生活和美好理念的场所，位于滨海湾亲水黄金位置，由南花园、东花园和中花园三个风格迥异的水岸花园连接而成，占地101公顷，绿草茵茵、树木葱茏、花卉奇异，令人叹为观止。

滨海湾花园在新加坡建设未来型城市战略中占有中心位置，是新加坡政府打造"花园中的城市、城市中的花园"、提高人民生活质量的超前理念中不可分割的一部分。环境可持续性原则是贯穿滨海湾花园兴修项目的核心理念，体现出新加坡作为花园中的热带城市的精髓，有助于打造适宜居住、工作和娱乐的完美环境。

南花园是滨海湾花园中最大的一个，占地54公顷，于2012年对外开放。这座生机勃勃、活力四射的花园展示了最优秀的热带园林艺术，拥有大量的热带花卉、色叶植物等。南花园的特色景点包括文化遗产花园、植物世界、蜻蜓湖和翠鸟湖等，还有巨树丛林内特别编排的声光表演和一系列的媒体解说、故事讲述，另外还有多个独特的活动场地，包括新加坡最大的户外花园活动场地、能容纳3万人的草甸、以地中海花园为背景的美不胜收的花穹室内活动场地。

特别值得一提的是，南花园的18座高度介于25—50米的擎

新加坡滨海湾花园空中俯瞰

天大树造型建筑。这些独具一格的巨型树形建筑营造出垂直花园的效果，垂直展示热带攀缘植物、附生植物和蕨类植物，制造出令人称奇的景观。这18个树形建筑的灵感据说来自热带雨林中的优势树种。这些建筑将成年树的外形和植物培育功能相结合，不仅可促进植物的生长，还具备环境可持续性。擎天大树造型建筑的部分"树冠"还安装了光伏电池，可吸收太阳能，供夜间照明，其他"树冠"部分则与植物冷室系统相连，作为排气口使用。白天，"擎天大树"的"树冠"可以遮阴；入夜，五彩灯光和多媒体投射将这座垂直花园打扮得分外绮丽。它们相互之间还有空中步道相连，方便人们近距离观赏和感受。

南花园的文化遗产花园，还根据新加坡文化特色，设置有中华、马来、印度和殖民地4座花园，分别反映新加坡四大主要文化特色。其中，"中华花园"带领游客一览华人祖先创造的中华园林文化之美,通过岩石、水景和花草再现自然景观,反映物我两忘、恬静淡泊、人与自然和谐共生的理念。"马来花园"集中反映新加坡和马来亚传统的甘榜(乡村)图景,展示马来族群欣赏和培育的植物。"印度花园"反映了早期印度移民的文化,从印度民俗文化中汲取灵感,展示以花卉为主题的图案。"殖民地花园"展示各种商贸作物,包括被殖民者引入本地区的各种闻名遐迩的香料。

擎天大树造型的垂直花园奇观

东花园位于滨海堤坝西岸,占地32公顷。其静谧的氛围营造出滨海湾和花园之间亲密的关系。还有滨海湾水岸鳞次栉比的小花园,让人们与海滨亲密接触,欣赏金融区优美的天际线。

中花园可连接滨海南花园和滨海东花园,包括长达3千米的水滨长廊,使城市美景尽收眼底。

十二、新加坡独立后的代表性文学作品

1965年新加坡独立后,除马来裔作家的"五十年代作家行列"作为新加坡马来文作家协会继续存在外,泰米尔作家协会、新加坡(英文)作家协会和新加坡写作人协会也相继成立。1970年8月,在连士升等作家的倡议和推动下,新加坡作家协会成立。1976年5月该协会改名为新加坡写作人协会,选举小说家黄孟文为会长。协会创办《文学月报》(后改为《文学》半年刊),开辟文艺副刊《写作人》,出版文学丛书,鼓励会员从事文学创作,并举办文学理论讨论会、专题讲座、诗歌朗诵会等,同时组织国际文学交流活动。这一时期,新加坡文学发展的主要倾向是现实主义,并强调地方色彩和题材多样化,涌现了一批比较优秀的文学作品,其中有不少反映了底层社会民众的生活,如苗秀的长篇小说《残夜行》(1976年,曾获新加坡1978年度书籍奖),石剑洪的中篇小说《高楼内外》(1979年),黄孟文的《再见惠兰的时候》,李汝琳(原名李宏赉)的《新贵》(1978年)、韦西(原名黄辉)的《捉贼》(1977年)和蓉子的《画像》(1979年)等短篇小说。此外,老作家于沫我(杜又明)的《于沫我短篇小说集》也于1979年出版。

英文小说方面,有吴宝星描写新加坡青年爱情故事的长篇小说《长梦悠悠》(1972年)和陈国盛所写的三部曲《新加坡之子》(1972年)、《马来西亚的人》(1974年)和《放眼世界》(1975年)。还有弗兰西斯·托马斯的《一个移民的回忆录》(1972年)和N. I. 罗氏的《被遗弃在热带海滨的华人》(1974年)等。短篇小说方面比较著名的有嘉蒂莲·林的《怪物》(1978年)和叶裕金的《家长》(1975年)。后者被评选为1975—1977年东盟文学优秀作品之一。

20世纪70年代出现了一批描写爱情的马来文长篇小说。如

奈英姆·代比的《毁灭》(1978年)等。比较优秀的短篇小说有福阿特·沙林的以追求自由为题材的《我要把心儿带到何方》(1974年)、卡玛列亚·阿旺以试管婴儿为题材的《他不是咱们的》(1975年),以及尤诺斯·赛伊德的描写航海生活的《马玛特船长》(1976年)等。

诗歌方面,获1979年东盟文学奖的知名诗人艾温·谭布著有英文诗集《大地的肋骨》(1956年)、《第二语音》(1976年)和《上帝也会死》(1977年)等。他的诗《一个普通的人》,反映了旧观念与现代思想之间的冲突对于亚洲传统家庭观念的影响。穆罕默德·拉蒂夫·穆罕默德的诗《我的同胞在我出生之日》获1974年马来诗歌创作一等奖。泰米尔文诗歌有诗人伐南所写的《节日的歌》(1978年)等。华文诗歌方面,较突出的有柳北岸(原名蔡文玄)创作的长达3 254行的叙事诗《无色的虹》(1977年),描写了一个普通华侨的生活史。此外,有周粲(原名周国灿)的诗集《捕萤人》(1979年)、杜红(原名郑亚本)的诗集《五月》(1955年)和王润华的诗集《内外集》(1978年)等。

剧本方面有田流(原名钟文灵)的华文剧作集《三万元奖金》(1972年)和《田流剧作集》(1979年),其中有些电视剧,如《国与家》(1971年)和《赌》(1971年)都以现实主义手法对社会的丑恶现象作了一定程度的讽刺与揭露。英文剧本有强调各民族和睦相处和作为新加坡人十分幸福自豪的作品。如吴宝星的《微笑之余》(1965年),描写异族青年男女的恋爱,反映出族群意识被逐渐削弱;杨罗柏的《新加坡,你在何方》,反映不同族群的遭遇。这些作品表明英文的使用已超越了族群的界限。

作者点评

新加坡独立后经过了一段不平凡的历史,取得了非凡的成就,创造了亚洲奇迹,受世人瞩目。新加坡的成功,是多种文化兼容并蓄、和谐共处、美美与共的结果，是坚持务实为民发展理念的结果，也是审时度势、积极进取、纵横捭阖的国际交往思想与实践的结果。"小国大智慧"，今天的新加坡是睿智伟人、管理精英与高素质民众三者高度结合的产物，是国际社会一道独特的风景线，对当今和未来世界的和平发展具有重要而积极的启示意义。

参考书目

曹云华:《新加坡的精神文明》,广东人民出版社1992年版。

陈佳荣、谢方、陆峻岭:《古代南海地名汇释》,北京中华书局1986年版。

柯宗元:《新加坡华人通史研究》,福建人民出版社2019年版。

李光耀:《李光耀40年政论选》,现代出版社1996年版。

李光耀:《李光耀观天下》,北京大学出版社2013年版。

李光耀:《李光耀回忆录:经济腾飞路》,外文出版社2001年版。

李光耀:《李光耀回忆录(上)1923—1965》,世界书局1998年版。

李光耀:《李光耀回忆录(下)1965—2000》,世界书局2000年版。

李文:《新加坡族群关系的融合及其影响》,2002年亚太发展报告。

梁志明、李谋、杨保筠:《东南亚古代史》,北京大学出版社2013年版。

卢光盛:《新加坡的多元民族政策》,《东南亚纵横》,1998年第3期。

汪慕恒:《当代新加坡》,四川人民出版社1995年版。

许云樵:《马来亚史》,新加坡青年书局 1961 年版。

张青:《出使新加坡》,中央文献出版社 2002 年版。

庄国土:《二战以后东南亚华族社会地位的变化》,《东南学术》,2003 年第 2 期。

邹平学:《新加坡法治的制度、理念和特色》,《法学评论》2002 年第 5 期。

Zafri:《寻求来自中国的庇护,马六甲王国的生存之道》,地球知识局微信公众号,https://mp.weixin.qq.com/s/VqCI6TMFT-j7PFZwSdq0UA,访问时间:2018 年 2 月 6 日。

后记和鸣谢

为本书落下最后一笔的时候,我的心情依然不能平静。我为新加坡曲折的历史、璀璨多元的文化和辉煌灿烂的成就而深深折服。

此生与新加坡有缘,迄今已从事新加坡研究近20年。屈指算来,自己先后访问新加坡也已10余次。从新加坡国父李光耀先生本人,到新加坡的部长、司局长、学者、媒体记者等,再到小吃店老板、出租车司机、酒店门童,我接触过很多新加坡人。接触的新加坡人越多,我越被新加坡所吸引,越为新加坡背后的故事着迷,越对它的艰辛、喜悦多一分理解和感悟,同时也对它深邃的文化和多彩的历史产生深深的敬畏。

了解得越多,越觉得自己所知太浅。惶恐之情始终伴随写作全程。写作的过程,就是反复拷问自己的过程。观察是否全面?观点是否中肯?希望得到专家、同人和每一位读者的指导。

感谢陪伴和指导我的师长和同事,尤其是我的前任领导翟崑老师、现任领导李锴老师,新加坡研究同人宋颖慧同志、马来西亚研究同人骆永昆同志,他们的热情鼓励和悉心指导是我研究和写作的动力。感谢上海社会科学院出版社的编校人员,没有他们的辛勤耕耘,就没有本书的面世。

谨以此书献给所有师长、同事、朋友、家人和读者,祝健康平安,诸事顺遂!作为一名普通的新加坡研究者,我将始终以一颗虔诚之心,聆听你们的批评和指正。

作　者

2020 年 6 月 7 日

图书在版编目(CIP)数据

新加坡通史 / 张学刚著 .— 上海 : 上海社会科学院出版社，2023
 ISBN 978 - 7 - 5520 - 4247 - 4

Ⅰ. ①新… Ⅱ. ①张… Ⅲ. ①新加坡—通史 Ⅳ. ①K339.0

中国国家版本馆 CIP 数据核字(2023)第 194692 号

新加坡通史

著　　者：张学刚
责任编辑：王　勤
封面设计：陆红强
出版发行：上海社会科学院出版社
　　　　　上海顺昌路 622 号　邮编 200025
　　　　　电话总机 021 - 63315947　销售热线 021 - 53063735
　　　　　https:// cbs.sass.org.cn　E-mail：sassp@sassp.cn
照　　排：南京理工出版信息技术有限公司
印　　刷：上海新文印刷厂有限公司
开　　本：710 毫米×1010 毫米　1/16
印　　张：12.75
插　　页：1
字　　数：192 千
版　　次：2023 年 12 月第 1 版　2023 年 12 月第 1 次印刷

ISBN 978 - 7 - 5520 - 4247 - 4/K・705　　　　　　　　　定价：68.00 元

版权所有　翻印必究